nF420164

UN MATRIMONIO SALUDABLE

remedios caseros infalibles

UN MATRIMONIO SALUDABLE

remedios caseros infalibles

MÁXIMO OLIVERA SUM

Máximo Olivera Sum

Nació en Tacuarembó, Uruguay, en 1978. Una vez finalizado el Bachillerato, en 1998 inició su carrera como Oficial de la Fuerza Aérea Uruguaya en la Escuela Militar de Aeronáutica, graduándose en 2001 como aviador. Ese mismo año contrajo matrimonio con Claudia. Tienen un hijo, Yohan.
Posteriormente, impartiría clases de Historia Nacional en la Escuela Técnica de Aeronáutica, de Sistemas del helicóptero UH-1H en el Escuadrón Aéreo N° 5 y de Juego de Guerra *'Fénix'* en la Escuela de Comando y Estado Mayor Aéreo. Es piloto de aeronaves de ala fija y helicópteros.
Como integrante de la Fuerza Aérea realizó los siguientes cursos: Investigación y prevención de accidentes, Formación de Instructor Académico, Curso Elemental y Básico de Comando brindados en la Escuela de Comando y Estado Mayor Aéreo, donde recibiría el premio al más alto promedio en el área cultural.
Recibió formación en implementación y certificación en la Norma de Control y Gestión de Calidad ISO 9001, por parte de especialistas del Laboratorio Tecnológico del Uruguay (LATU).
Concluyó, además, el Programa de Liderazgo Estratégico brindado en el Centro de Altos Estudios Nacionales del Ministerio de Defensa Nacional, impartido por integrantes del Centro de Liderazgo y Gestión de Defensa de la Academia de Defensa del Reino Unido proveniente de la Universidad de Cranfield.

También aprobó el curso de Oficial de Estado Mayor Conjunto brindado en el Instituto Militar de Estudios Superiores del Ejército Nacional.

Participó del Curso Conjunto de Planificación de Campañas brindado en el Centro Conjunto para Operaciones de Paz de Chile, en Santiago de Chile, impartido por integrantes del Comando de las Fuerzas Conjuntas del Reino Unido.

Formó parte del taller de Administración brindado por el Instituto Universitario Aeronáutico en Córdoba, Argentina.

Obtuvo, a su vez, el título de Oficial de Estado Mayor brindado en la Escuela de Comando y Estado Mayor Aéreo.

Es investigador, además de poeta, cuentista y novelista. Tras publicar su primera novela *Esteban, el Discípulo*, y luego de sacar a la luz dos libros de cuentos cortos titulados *Momentos* y *La Caramelera*, retomó su trabajo en el género novela con *Colonización de Marte*, para luego sacar su primer libro de poesía titulado *Amaneceres*. Posteriormente publicaría su obra enfocada en brindar orientación a aquellas personas que desean tener un matrimonio pleno, titulada *Un matrimonio saludable*. Su obra más recientemente publicada ha sido en el género poesía, *En el límite del tiempo*. Ahora incursiona en un nuevo desafío de investigación con *Una mirada inquisitiva*.

Para más información, contacte al autor a través de su casilla de correo electrónico: maxiolsum78@hotmail.com o visite su sitio web https://youtubedateuntop4891.wordpress.com/

escaneando el código QR brindado a continuación:

También puede encontrarlo en Amazon y Draft2Digital, mediante su amplia red de plataformas asociadas: Apple Books, Barnes & Noble, Rakuten Kobo, Everand, Smashwords, Tolino, OverDrive, Bibliotheca, Baker & Taylor, BorrowBox, Hoopla, Vivlio, Palace Marketplace, Odilo, Gardners y Fable.
Por intermedio de la plataforma de audiolibros Findaway Voices: Nook Audiobooks, Google Play, Kobo Walmart, Spotify, Libro.FM y Audiobooks.com.

*Porqué deambular solo por este mundo
cuando puedes tener la mejor compañía.
Búscala con esmero, consérvala con amor
y entonces serás feliz.*

PRÓLOGO

Remedios caseros, a los que siempre terminamos acudiendo, como a los sabios consejos de nuestras abuelas. Esos consejos que para nada son un secreto ni están en un libro prohibido difícil de acceder; por el contrario, están a nuestra disposición. Pero a veces nos cuesta aceptar que podemos recurrir a aquello que está a la vista. Esos remedios que por su simpleza tenemos miedo a que no surtan efecto; en cambio, preferimos complicarnos la vida.

Como decía aquella abuela sabia: 'Agua de menta para las sofocantes tardes de enero. Con limón y jengibre se hace más llevadero el invierno. Té de manzanilla para una noche tranquila. Sin embargo, a veces hay que hacer limpiezas profundas y nada mejor que el amargo diente de león'.

En ocasiones, el matrimonio puede parecer sofocante. Llegar a hacernos sentir que temblamos de frío con alguna palabra, un gesto o una actitud que nos petrifica en ese mismo instante.

Pero también es el lugar donde encontramos paz, alivio, consuelo y fortaleza. Principalmente para poder filtrar esos tragos amargos que sin dudas llegan en algún momento.

Con el autor de este libro compartimos el mismo Maestro, desde diferentes aulas, pero su enseñanza es única. Él nos incentiva a amar a nuestro prójimo. Me llevó tiempo discernir cómo podía llevar a la práctica ese mandato, hasta que una gran amiga con la ternura que la caracteriza me guio: 'debemos empezar por el más próximo'.

Así como una abuela en su sabiduría nos aconseja por amor, este libro puede llegar a ser un sabio consejero. Fiel amigo al cual podemos recurrir en el paso por esta vida, la cual es más hermosa cuando se transita de a dos. Y que mejor consuelo si al final del camino, cuando lleguemos a ese manantial de amor inagotable a descansar nuestros pies y estar en paz, nos demos cuenta de que a nuestro lado está ese compañero/a que estuvo siempre.

Nancy Bornia.-

PREFACIO

Es evidente que estamos en una época en la cual el tiempo es escaso. Todo el mundo se queja de que parece correr más rápido el reloj y me incluyo. Hay un sinnúmero de cosas que apremian más que leer. Por ende, la gente lamentablemente ya casi no incursiona en la lectura, privándose de esta práctica tan placentera y saludable.

Asimismo, la cultura de las imágenes enfatizadas con breves frases que ayuden a la comprensión de la idea básica subyacente ha desahuciado el considerable esfuerzo que requiere interpretar ideas expresadas a través de la compleja concatenación de palabras que significa escribir. Dicho de otra manera, a medida que las cosas se nos van haciendo cada vez más fáciles de conseguir, nos volvemos más perezosos en todos los sentidos y más aún cuando se trata de lograr un objetivo que requiera denuedo.

Y, ¿por qué te digo esto? Paso a explicártelo. Hablando de escribir, he escrito varios libros, algunos con más de seiscientas páginas. Sin embargo, soy consciente de la realidad hipertecnológica en la cual nos estamos adentrando a toda marcha y de una manera nunca antes vista. Esto implica que existan recursos audiovisuales, por doquier y al alcance de un clic, mucho más atractivos, divertidos y livianos que acabarse un libro de tapa a tapa. Por tal razón decidí escribir este libro en el formato que lo desarrollé: esquemático y lo más concreto posible. Tanto como la extraordinaria complejidad de las relaciones interpersonales me lo han permitido, por supuesto. Lo hice así para poder trasladar una idea importante a personas que disponen de poco tiempo, o poseen poco entrenamiento en la lectura o que simplemente no gustan demasiado del deleite de adentrarse en las hojas de un libro. Básicamente, me estoy adaptando a la realidad actual en la que estamos inmersos, dado que nadie es ajeno a ella.

Siguiendo dicha línea, mi intención es no extenderme demasiado, pero si comienzas a leer la obra y resulta que te gusta, acabarás recriminándome por no haber dicho más. El ser humano es así de enrevesado. ¿Qué se le va a hacer? Nunca se puede conformar a todo el mundo. Así que procuraré la ecuanimidad y el equilibrio en este sentido, en un intento por ser escueto, pero no por ello cometer el descuido de dejar algún aspecto relevante sin incluir en la obra.

Pero si hablamos del motivo que me inspiró a escribir este libro tengo que confesar que fueron las incertidumbres y temores que despertaban en mi hijo el divorcio, y esto incluso mucho antes de haber considerado la posibilidad de casarse. Por este motivo, no hablaré demasiado de ese tema, sino de cómo evitarlo de manera eficaz mediante la consecución de un matrimonio saludable y exitoso. Porque, al fin y al cabo, siendo el matrimonio la institución más importante de cualquier sociedad, dado que en su amoroso seno es donde debería formarse todo individuo para tener una vida fructífera y plena, debemos luchar con entereza por conservarlo y protegerlo.

En una época en la cual los valores morales se están yendo barranca abajo a un ritmo trepidante y no parece vislumbrarse un atisbo de sensatez o coherencia en el horizonte, es necesario volver a la esencia, a lo que nos ha traído hasta este momento con relativo éxito. Sé que hay muchos libros de autoayuda por ahí que tratan los más diversos temas, incluido este tópico, pero quiero contribuir con mi granito de arena con la máxima sencillez posible a través de este libro orientado al vínculo tan complejo y estrecho como lo es la relación conyugal.

No soy un experto ni mucho menos. De hecho, admito que me equivoco más seguido de lo que desearía. Muchas veces no aplico lo que he escrito en este libro, pero realmente intento hacerlo. Como podrán imaginarse, he tenido momentos dramáticos en mi matrimonio a lo largo de un cuarto de siglo.

No obstante, sabemos que ningún mar en calma ha vuelto experto a un marinero.

Con todo, considero que son mucho más numerosas las ocasiones en que he agradecido al cielo por mi familia y lo feliz que me hacen. No todo es color de rosas, es cierto. Hay días buenos y también de los no tan buenos. Es por esta razón que, con un sincero deseo de corazón por aportarte herramientas que te sean útiles en tu relación de pareja, para que no tengas que lamentar la sombría tragedia de un divorcio, te entrego esta obra como si se lo estuviera dando a mi propio hijo.

Así que, sin más preámbulos, ¡comencemos! Porque el tiempo es tirano y no espera a nadie.

El autor.-

Cap. 1 – Conociéndonos

Allí donde estés parado es tu punto de partida. Pero, ¿qué significa esto? Básicamente es lo que eres en este preciso momento y tu enorme potencial de cambiar. Pero la carrera recién comienza y, con cada paso, puedes avanzar hasta convertirte en una persona completamente diferente si así lo deseas. Sí, se puede cambiar. No existe tal cosa como *"yo soy así"*. Hasta los duros y ásperos cantos rodados son pulidos por la fuerza del agua y el constante roce con otros similares a él. El resultado dependerá de si te interesa progresar hacia cierto rumbo o retroceder hacia casillas aún más primitivas. No hay nada que no pueda conseguirse con esfuerzo, valor y tenacidad. Solo debes evaluar la legitimidad de un objetivo y luego proponerte conseguirlo.

Ahora bien, surge la pregunta: ¿Por qué cambiar? Podrías estar pensando que te encuentras bien, así tal cual eres. Debemos tener la motivación de hacerlo por la sencilla razón de que todos somos perfectibles y, en tal contexto, podemos mejorar. Dicho proceso te llevará al ensayo y error. Así que podrás fallar de todas las maneras existentes y equivocarte una y mil veces, pero lo que no deberías jamás es perder el entusiasmo. Lo reconfortante es que en algún momento lo lograrás. Con la intención de ayudar es que te presento esta obra, para arrojar un poco de luz sobre algunos asuntos que quizá no habías considerado hasta ahora.

Estamos haciendo una evaluación a los efectos de conocernos a nosotros mismos. Así que voy a contarte sobre mí en relación a este libro y su objeto. Debe constar que no me considero ningún tipo de gurú del amor o cosa ni remotamente por el estilo, simplemente escribo desde mi propia experiencia, mucha introspección y reflexión. Asimismo, me he basado en la observación concienzuda de ejemplos ajenos al mío.

En mi caso no siempre he aplicado todo lo que he escrito en este libro. Ha habido alguna que otra ocasión hace ya mucho tiempo (casi inmemorial) en que tuve la osadía de infringir algunas de las recomendaciones de este libro y ya podrán imaginar cómo resultó todo. Mi amada esposa es buena maestra, muy certera. Así que aprendí de la mejor forma: muy rápido, de manera contundentemente indeleble y por comprobación propia.

Pero fuera de broma, puedo asegurar que cada vez que lo he hecho, es decir, que he puesto en práctica estos modelos de conducta, realmente han funcionado. También soy testigo de que cuando he incurrido en algunas de las acciones, actitudes o conductas que recomiendo evitar, he padecido en carne propia las consecuencias, al igual que mi matrimonio. Por eso te sugiero que aprendas de mis experiencias, tomando lo bueno y evitando cometer los mismos errores. Si ingeriste alguna sustancia tóxica por error y has conseguido el antídoto, no lo dudes, tómalo y luego evita con la debida precaución beber de aquel veneno una siguiente vez.

¿Dónde naciste?

Esta pregunta tiene el propósito de hacerte reflexionar. Es de las primeras porque es tan crucial para saber qué eres y en qué podrías convertirte, como lo es que estés vivo.

Piensa que nos parecemos mucho a una escultura hecha en arcilla, la cual es más maleable y dúctil cuando recién ha sido extraída de la cantera y aún es fresca, es decir, cuanto más jóvenes e inocentes somos. Pero a medida que vamos creciendo se va tornando más rígida y difícil de trabajar con cada desengaño que experimentamos, hasta volverse cada vez más resistente a ser moldeada. Y una vez puesta esa escultura en el horno de la aflicción se endurece al punto de que, para lograr cambiar su estructura ya consolidada, la única forma es cayendo al suelo y hacerse añicos. Entonces tendrá que aparecer en escena un alma compasiva que se encargue de juntar los pedazos que yacen desparramados por doquier, para luego restaurarlos con dedicación y esmero, uniéndolos con paciencia mediante el cemento del amor y la comprensión.

Esto puede parecer trágico y hasta injusto, pero todo tiene un propósito en esta vida y nada es por casualidad. Fíjate que antes de que tu corazón alguna vez se quebrara en mil pedazos tan solo eras una escultura más, muy similar a las demás que eran exhibidas en la larga estantería del escaparate que representa este mundo. Pero una vez roto y vueltas a unirse todas tus piezas, pasarás a ser único e irrepetible.

Entonces el valor de aquella escultura que provenía de un mismo molde que las demás se multiplicará con creces. Y ni siquiera hemos mencionado el valor agregado que tiene la mano de quien te ha restaurado.

Hay que reconocer que el sitio donde naciste es una cuestión muy amplia, ya que podrías haber nacido en un hogar donde hubiera un solo padre, o dos padres del mismo sexo, o alguien que haya tomado el rol de los progenitores. Incluso pudiera no ser un sitio típicamente constituido, sino que se tratara de un orfanato o algún otro tipo de albergue gubernamental de acogida de neonatos. Cada uno de los distintos factores que pudieran presentarse influye de manera diferente. Es por ello que no se puede tomar a la ligera si se quiere entender nuestro propio comportamiento hacia los demás o el de nuestro compañero hacia nosotros. Este punto, el cual ampliaremos con mayor detalle más adelante, es indispensable para desarrollar empatía y comprensión, y trabajar en modificar ciertos comportamientos crónicos que pudiéramos estar manifestando.

Una vez puntualizado esto, sabrás lo fundamental que será para el desarrollo emocional y cognitivo de los hijos que conciban dentro del matrimonio, la salud que presente vuestra relación de pareja. Y esto, en gran medida, estará determinado a su vez por el lugar donde naciste y creciste. Pongámoslo como la continuación de un ciclo que se repite indefinidamente. Así que no lo banalices y analiza tu situación en particular con mucho detenimiento. Cuando concibas a tus hijos, si es que ya no los tienes, entenderás más a cabalidad la importancia de resolver ciertos asuntos anteriores que podrían perjudicar la crianza de tus hijos.

¿Cómo fue tu infancia?

Recuerda tus orígenes. Piensa tanto en las cosas buenas que te pasaron en etapas tempranas de tu vida, como también sobre aquellas no tan positivas. Esto te ayudará a valorar cuestiones que añoras por un lado y a descartar las que no te agradan por el otro. Evadir los conflictos no evitará que sigan estando. De hecho, huir de los problemas solo provocará que te persigan allá donde vayas e incluso que puedan agravarse con el paso del tiempo, porque siempre terminarán por alcanzarte. Es una forma sencilla de diferenciar entre lo bueno y lo malo en una época en que todo se relativiza con asombrosa facilidad y cinismo.

Es necesario puntualizar que, tratar de analizar cada posible aspecto que pudiera haber surgido durante la infancia sería literalmente una utopía, dado que pueden ser tan numerosos como personas han existido en el mundo. En esta obra solo expondremos su existencia, reafirmando que suelen permanecer invisibles bajo diversos estratos de nuestra psique. Es por ello que deberás evaluar tu propia infancia para obtener lecciones que te serán útiles en tu matrimonio. Solo debes buscarle una adecuada aplicación o el correctivo específico de manera consistente.

Al escudriñar en tu comportamiento es mandatorio tener presente que a simple vista solo serás capaz de ver un mar en calma, una superficie casi cristalina, una inmensa y aparente homogeneidad. Para constatar la presencia de objetos extraños e indeseados y las turbulentas corrientes subterráneas que se agitan por debajo, deberás por fuerza sumergirte en las profundidades de lo que tú mismo intentas de manera inconsciente disimular, ocultar o incluso negar que existan, aunque emerjan a la superficie a menudo y en ocasiones puedan exteriorizarse de manera virulenta.

Únicamente a modo de ejemplo, plantearé de forma sencilla un asunto que podría ayudarte a evitar una catástrofe en tu matrimonio. Por caso, si tuviste una infancia en la que un padre violento (o una madre) descargara toda su furia en ti, probablemente esto provocará ecos que resonarán con fuerza desde tu presente hasta tu futuro sin que te des cuenta. De modo que podrías eventualmente emular de forma involuntaria ese comportamiento con tu pareja o tus hijos, y esto traería aparejados problemas graves que desencadenarían un divorcio, en el mejor de los casos. Si esta fue tu situación y repercute en quienes te rodean, busca ayuda profesional. También te beneficiará estudiar con absoluta honestidad tu comportamiento hacia los demás para detectar señales de violencia y corregir con mucha disciplina tal conducta aberrante.

¿Qué tal tu adolescencia?

Si sientes que te pasaron cosas malas todo el tiempo en aquellas épocas de estudiante, tengo que revelarte uno de los mayores secretos escondidos de la humanidad: a todos nos pasan cosas malas más a menudo de lo que creemos, con el aditamento de la amplificación que nosotros mismos le imprimimos. No eres el único. Nadie se escapa, aunque parezca lo contrario.

Sentir lástima o compasión por uno mismo es tan normal como beber agua cada día, y sobre todo durante la adolescencia. No obstante, esta actitud ante la vida es perjudicial y no corresponde con la realidad. Activa mecanismos de autocomplacencia que nos ponen en pausa. Nos lleva a ser demasiado indulgentes con nosotros mismos y nos estanca en un estado de miseria autoinfligida. Un guerrero/a valeroso/a ante las adversidades le espera la victoria sobre sus adversarios, en este caso, los problemas de la vida. Y estas vicisitudes muchas veces ocurren a consecuencia de nuestras propias decisiones. Mi consejo es: no te eches en un rincón a lamer tus heridas más de lo necesario, sino levántate en cuanto puedas y triunfa sobre cada obstáculo que se te presente. Todo lo demás no te llevará a buen puerto, sino que será como un enorme lastre en tu cotidianeidad que solo retrasará tu avance.

Dicho esto, si arrastras desde tu adolescencia esa tediosa sensación de haber sido un pobre desgraciado durante gran parte de tu existencia, corta la soga que te sujeta a la percepción en enfermiza que te has formado de tu pasado. Tal período de infortunio fue en gran medida una invención de tu mente por haber sido víctima de emociones engañosas. Asignarle mayor gravedad de la que realmente tuvo solo distorsionará tu perspectiva de la vida y, por ende, tu desempeño diario. Sacúdete las cosas que te estorban y comienza a andar tu camino sin impedimentos.

De todas formas, por muy complicada que pueda ser la adolescencia, siempre es terreno para buenas experiencias también. Saca partido de ellas y aprende de los errores.

Aquí va un ejemplo. Uno de tus grandes amores te abandonó (como a casi todo el mundo), haciendo que tu corazón sufriera su primera fractura por la mitad. Por mucho que buscaste que volviera contigo no tuviste la más mínima oportunidad, lo cual te causó una frustración insoportable. De esta experiencia debes aprender que, si la otra persona no siente nada por ti, cuanto más la persigas, más contraproducentes serán todos tus intentos. Humillarte será en vano y solo alimentará su desprecio hacia ti. Todo tiene un límite y lo recomendable es intentar advertirlo y saber detenerse al reconocerlo. No puedes impedir que haga uso de su albedrío, es libre de escoger sin importar cuánto te empeñes.

Otra enseñanza es: cuida del amor que te prodiga la persona que está a tu lado, porque ha decidido permanecer junto a ti y eso es muy loable.

¿Qué me dices de tu juventud?

Evita los errores cometidos y repite los aciertos que hayas tenido. Es mi mejor recomendación en consonancia con la navaja de Ockham[1]. Esta es una técnica que nunca falla si se trata de lograr un futuro brillante. Y si lo aplicas a la etapa donde más errores habrás cometido durante las relaciones de pareja que hayas logrado, se convertirá en un puntapié inicial del mejor nivel, casi un gol de media cancha.

Cuando somos jóvenes nuestra vida tiende al caos, pese a que estemos seguros de que tenemos todo bajo control. Suele reinar el desorden con algunas honrosas excepciones. La falta de experticia nos lleva por

---

[1] Principio filosófico y metodológico de economía en la explicación, según el cual 'en igualdad de condiciones, la explicación más simple suele ser la más probable'.
https://psicologiaymente.com/cultura/navaja-de-ockham

caminos inciertos y muchas veces tropezamos y caemos, aunque creemos que nos las sabemos todas. Pero hasta tanto nuestra percepción no madure mediante el aprendizaje basado en el ensayo y error, deberemos afrontar los desafíos de la forma más reflexiva posible para evitar deslices indeseados y en ocasiones fatídicos. ¿Cuántas veces has metido la pata hasta el cuello para luego recriminarte a ti mismo cómo no te diste cuenta antes? Eso ocurre cuando hacemos algo sin pensar.

Muchas veces podemos estar convencidos de conocer bien un asunto en particular. Sin embargo, puede que nuestra concepción paradigmática sea incorrecta y, por tanto, estemos equivocados. Un enfoque correcto podría ayudarte a descubrir sorprendido cómo se abre un camino completamente nuevo ante ti. Ser maduro es sinónimo de reflexión y esto significa no conformarse con el primer bulto irreconocible que surja en el visor, sino enfocar el lente con cuidado hasta obtener una imagen lo más nítida posible. Recién entonces podrás ver con claridad para sacar conclusiones más acertadas.

La madurez no es algo que llegue tan fácil y de buenas a primeras. Tampoco es algo que uno pueda desear y acudir al supermercado de la esquina a comprarlo. Es un atributo que, al igual que la espada de un Samurái, se debe forjar bajo el fuego de las adversidades y con cada golpe de martillo de las decisiones que debamos tomar, tanto las acertadas como las erróneas, porque todas afectarán el curso de nuestras vidas.

Forman parte de esta cualidad el ser responsable, tener iniciativa y buena disposición, entre otras muchas cosas. Este término se asocia en demasía a la edad, sin embargo, he conocido gente bastante entrada en años (digamos que rondando ya la tercera edad) que continúa comportándose como todo un adolescente de los que son suspendidos en el colegio. Creo que se debe a que no han sabido aprovechar la escuela de la vida en la debida forma; más bien podría decirse que se la pasaron escapándose al recreo. Por lo general, se caracterizan por ser predominantemente superficiales e insustanciales.

No obstante, cuando se es joven y sin experiencia, por lo menos se puede tener la precaución de tomarse un tiempo para meditar en las decisiones. Sé cauto y considera las posibles consecuencias para evitar que una actitud impulsiva o una acción intempestiva e irreflexiva te lleve a cometer errores graves. Tomar estas medidas precautorias te puede prevenir muchos inconvenientes y situaciones indeseadas, aun cuando la madurez no haya cuajado todavía en tu personalidad.

En la juventud carecemos de experiencia y nos sobra ímpetu. La combinación perfecta para que estalle la bomba y ocurra el desastre. Es por ello que las relaciones que logran sobrevivir a esta etapa de la vida lo hacen de milagro. Debe haber mucho amor, enormes cantidades de enamoramiento o demasiadas dosis de pasión para que esto suceda. Es broma, solo el cambio que puede producir el paso del tiempo lo puede hacer posible.

El valor que le asignamos a las cosas varía a medida que va cambiando nuestra perspectiva de la vida. Y eso invariablemente ocurre a través de todo lo vivido con el paso de los años. Así que puede que aquello que de joven tuvieras en poco, más adelante en tu vida lo aprecies de una manera que no hubieras creído que lo harías en aquel momento.

Cuando se es joven uno siente que siempre tiene la razón (yo lo sé porque también fui joven y tengo un hijo que hace poco dejó de serlo) y ya de grande me doy cuenta como Sócrates que *'solo sé que no sé nada'*. Y entonces observo a algún joven incauto departiendo sobre lo equivocado que están los demás e imponiendo todas sus razones, y solo me limito a menear la cabeza y sonreír, recordando mi propia soberbia de joven. Este es el principio del aprendizaje, la génesis por llamarlo de alguna manera, pero no es tan sencillo como parece.

Por ejemplo, no puedes vivir exclusivamente para ti. Cuando eres joven crees que el mundo gira a tu alrededor, y en cierta forma es así gracias a la complicidad de padres y abuelos, pero luego caes en la cuenta de que no solo no eres el centro, sino que llegarás a ser el último orejón del tarro, como reza el dicho, cuando tengas tus propios hijos. Así que sé solidario y considerado. Puede que no te agrade demasiado la idea de ser tolerante y demostrar mucha constancia, pero todas estas cualidades y virtudes son de inestimable valor, e indispensables dentro del matrimonio.

Por suerte para todos, incluso esta etapa turbulenta y voluble se supera, para dar paso a tiempos más serenos y estables (es broma). He pretendido abordarlo desde una perspectiva un tanto jocosa, así a través del humor suavizar ciertas cuestiones algo escabrosas de tratar. No pretendo, al decir esto, ningunear, como se dice hoy día, a los jóvenes. De hecho, considero que son maravillosos, un ejemplo en muchos aspectos para los adultos. Solo considero que es una etapa transitoria y necesaria en el desarrollo de todo individuo que está destinada a ser superada para dar paso a la madurez. Si eres joven, no lo tomes personal.

Adultez

¿En qué clase de adulto te has convertido? ¿Eres un niño o una niña más entre la gente grande o finalmente ya has madurado? Si todavía te comportas como todo un adolescente, pierde cuidado que tu matrimonio está en un peligro de extinción aún mayor que el de los dinosaurios. Si eres así, es probable que no te preocupe demasiado el divorcio. Pero tengo que decirte que, o creces o acabarás en el estado civil de divorciad@ vitalici@.

Debes superar las etapas de la vida y para ello tienes que aceptar tus arrugas y, sobre todo, afrontar las responsabilidades aparejadas. Asimismo, enarbola tu experiencia bien merecida. El aplomo que has conseguido a través de tantas tormentas y la paciencia adquirida a fuerza de mil dramas vividos, son solo algunas de las muchas condecoraciones que podrás ostentar con verdadera enjundia. Deja las cosas de niños para los niños y compórtate como el señor o la señora que a estas alturas deberías haberte convertido. Esto trae consigo hacerse cargo, asumir lo que venga.

Lo deseable de la adultez es haber logrado para estas instancias la autosuficiencia de toda índole. Muchas veces tendremos que recurrir a otras personas por ayuda, pero debemos trabajar en pos de alcanzarla. Aunque debo admitir que este concepto tan amplio como lo es la autosuficiencia, suele alcanzarse luego de muchos años de haber incursionado con seriedad en el matrimonio y tras haber trabajado arduamente como equipo.

Ser autosuficiente implica alcanzar la solvencia en todo aspecto de la vida, desde la seguridad económica (pero no solo ello), pasando por la estabilidad emocional y culminando en el aspecto más importante, el espiritual, donde brillan la honradez y la dignidad como una corona de oro macizo. Es sinónimo de independencia, soberanía y libertad.

Independencia porque podremos proveer para los nuestros sin pasar apremios financieros, esto incluye los estudios seculares, la salud física, la ocupación, el almacenamiento en el hogar, la administración de los recursos, y la fortaleza social, emocional y espiritual[2].

Soberanía porque podremos transmitir la confianza y el respeto que acompañan a la prosperidad emocional. La admiración de nuestros hijos se despierta al ser un ejemplo para ellos como verdaderos hombres y mujeres de bien. Esto incluye usar nuestros recursos y bienes con prudencia, así como el extender su durabilidad y evitar el derroche o cualquier desperdicio innecesario, además de fomentar un plan de ahorro y siempre contar con fondos de emergencia.

En cuanto a la libertad, hablamos de ser libres siendo precavidos al evitar las deudas, pues son verdaderos grilletes de esclavitud. También implica ser libres de los barrotes mentales que pueden mantener prisionera a una persona. Libertad de cargar con el terrible peso de haber cometido actos reprobables, acciones de las cuales nos arrepentimos y que nos

---

[2] L. Tom Perry - Para ser autosuficientes – Liahona, octubre de 1991. https://www.churchofjesuschrist.org/study/general-conference/1991/10/becoming-self-reliant?lang=spa#kicker1

aplastan bajo la opresión de la culpa. La libertad incomparable de ser íntegros y tener así la capacidad de andar con la frente erguida gracias a una conciencia limpia.

Profundizar sobre la autosuficiencia implicaría escribir por lo menos otro libro a parte de este, dado lo extenso del tema y lo trascendental que es para nuestro desarrollo integral y real. Pero te invito a que medites en tu mente y tu corazón en cuanto a la importancia crucial que tiene la autosuficiencia como parte de la madurez, cualidad indispensable dentro del contexto del matrimonio, visto como una empresa a largo plazo.

Tanto lo que hemos visto hasta ahora, aunque no veas la conexión, como la mayoría de los sucesivos consejos, sugerencias y advertencias expresadas a lo largo de esta obra aplican a todas las personas en todos los órdenes de la vida, pero con especial énfasis y mayor intensidad si lo enfocamos en mejorar nuestra relación con nuestro cónyuge. Deposítalos en un lugar visible donde siempre los tengas a mano porque si aún no le encuentras una aplicación, eventualmente llegará el momento en que debas no solo considerarlos, sino llevarlos a la práctica so pena de sufrir un encontronazo marital.

Cap. 2 – Tus padres

Los padres son los primeros referentes y más importantes marcadores de nuestra vida. Lo deseable sería haber tenido buenos padres que hubieran desempeñado su papel en forma destacada, pero lamentablemente no siempre es así. Si tuviste buenos padres todo será mucho más fácil. Es como estar a punto de comenzar a construir un edificio y que no solo puedas disponer de todo el material necesario mientras sigues el plano diseñado por un arquitecto, sino que además cuentas con un terreno rocoso que le dará el sustento más seguro. Gran parte de lo admirable que posees lo heredaste de ellos y no tendrás tanto trabajo por delante como quien no haya tenido tanta suerte.

De todas formas, vuelvo a repetir por si no quedó suficientemente claro lo que afirmaba en el anterior capítulo, siempre se puede cambiar. Podrá ser más dificultoso y llevar más tiempo, pero se puede. Quizás haya que hacer reparaciones, modificaciones, rellenar por aquí y escarbar por allá. Aun así, aunque debas demoler la construcción hasta las bases, siempre se puede volver a construir de cero y crear una obra maravillosa, digna de toda admiración.

El espejo en que nos miramos

De acuerdo a la psicología, existen varios tipos de aprendizaje, trece para ser más exactos. Pero no vamos a analizar las formas de aprender algo, puesto que sería demasiado extenso y tedioso, y no viene al caso. Sino que nos limitaremos a afirmar que todas ellas pueden encontrarse en un hogar que se esfuerce por desempeñar bien su rol. Siendo así, podría ser una de las escuelas más completas y de mayores repercusiones en su legado. Yo pienso que contrario a lo que muchos opinan, el amor es infinitamente más importante que las matemáticas, solo por citar un ejemplo.

Suele ocurrir en el sentido inverso también. Si un niño, por ejemplo, crece en un hogar donde muchos de los parientes suelen hacer incursiones en actividades delictivas, es natural que de grande ese niño siga los pasos de sus referentes, quienes marcaron el rumbo de la época más tierna y maleable de su vida. Hay meritorias excepciones y nunca se puede perder las esperanzas, pero el punto de partida implica en sí mismo una desventaja significativa y esto no se puede ignorar.

Una de las formas de aprendizaje más profundas y duraderas es mediante la observación y la posterior ejecución de lo presenciado. Necesitamos ver el ejemplo de otra persona y luego llevarlo a la práctica para aprender algo por experiencia personal. No importará cuántas veces te repitan la advertencia o lo pormenorizada que sea la explicación sobre lo mucho que duele una quemadura, no podrás saberlo hasta que lo experimentes en carne propia, en suma, hasta que te quemes. Y los primeros y más notables ejemplos son nuestros padres. Si no tuviste uno de tus progenitores o ambos, su lugar lo habrán ocupado aquellas personas que te criaron y luego las que hayan sido más allegadas.

Así como debemos ser autocríticos para mejorar como personas, también se aplica con nuestros seres queridos. El amor suele ignorar o pasar por alto ciertos defectos ajenos, pero debemos identificar los errores en los demás para evitar cometerlos nosotros, aunque esto implique echar de ver cosas que no sean tan agradables. Esto sin ánimo de juzgar a quienes se encargaron de nuestra crianza, porque recuerda que no existe un manual para padres.

Por contrapartida, es de perogrullo que debemos replicar sus aciertos y buscar conseguir sus cualidades más elogiables. Sería tan absurdo detectar un error y no tomar las medidas pertinentes para evitarlo o corregirlo, como observar cualidades dignas de encomio en otra persona y no hacer los arreglos necesarios para emularlas. Este proceso nos conducirá a un sistema de mejora continua que irá puliendo las múltiples aristas e incontables púas que los seres humanos solemos tener. Se puede mejorar, pero este proceso requiere recurrir a la poda, abonar las raíces, aflojar la tierra, regar la planta y todo ello con sumo ahínco.

El rol del hogar

Nuestra familia puede ser una de las influencias más importantes de nuestra vida. En este núcleo básico se establecen lazos poderosos entre sus integrantes y nos hace sentir amados y que somos necesarios. Esto es muy sano para la fortaleza de nuestra autoestima, rasgo fundamental para consolidar un matrimonio.

El papel que desempeña la familia es crucial para desarrollar el sentido de pertenencia y construir nuestro carácter en edades tempranas y todo lo relacionado a lo intrínseco del ser. Una buena porción del cúmulo de nuestras emociones tiene su cimiento en el hogar, tanto para bien como para mal. Lo que construimos subsiguientemente se sustenta sobre esta base.

Pero si su influencia no fue lo suficientemente positiva, puedes reconocer todo aquello que no te aporte material de valor para construir tu vida y tenerlo presente solo para evitar repetir en tu propia familia, donde ahora seas tú uno de los responsables, las mismas cosas. Esta actitud ante la vida de resiliencia y pujanza puede ser igual o más provechosa que cualquier ejemplo o influencia que recibamos de terceros. De esta manera, se puede aplicar el refrán proveniente del acervo popular que dice: *'Si la vida te da limones, hazte limonada'*.

Cap. 3 – ¿Cómo es la cultura en la que creciste?

Las culturas varían según la región en donde vivas y sin lugar a dudas influye en lo que somos y cómo actuamos. Desde los usos y las costumbres locales, hasta lo que se ha impuesto de moda desde lugares remotos por coacción. Las tradiciones de cada comunidad nos modelan hasta cierto punto. Este tipo de cosas no suelen revestir demasiados inconvenientes a la hora de formar una pareja cuando esta proviene de nuestro mismo ámbito. Sin embargo, podría llegar a presentar algunas dificultades cuando se trata de alguien ajeno totalmente a las usanzas que estamos habituados. Está en cada uno adaptarse y determinar si algunas de nuestras costumbres molestan a quien tenemos al lado. No obstante ello, siempre es bueno tenerlo presente, porque puede que algunas sean nocivas.

La influencia social

La sociedad ejerce cierto influjo sobre cada uno de sus miembros, este fenómeno se denomina presión social. Sin embargo, muchas veces la misma sociedad es guiada por senderos equivocados mediante injerencia exótica. Esto es conocido como ingeniería social, pero no quiero meterme en temas de geopolítica, sino brindar herramientas para no solo combatir el divorcio, sino que puedas ser realmente feliz dentro de tu matrimonio pese a cualquier circunstancia coyuntural o fuerza externa.

Así que lo que puedo decirte es que no siempre que algunas personas opinen algo sobre algún tema (aunque lo hagan desde una posición de autoridad) querrá decir que tendrán por fuerza la razón. Es tu responsabilidad y, por tu conveniencia, meditar sobre el asunto en cuestión y formarte tu opinión personal. Siempre ten presente que eres tu propio agente y que el poder está en ti[3]. No dejes que sugerencias rimbombantes y coloridos enunciados logren ocultar las putrefactas intenciones que subyacen, por mucho que las repitan noche y día.

¿Con qué época te identificas?

Sin importar cuánta oposición de fuerzas foráneas haya sobre la sociedad, debemos luchar con todas nuestras fuerzas por mantener la cohesión. Existen lobbies muy poderosos con intereses espurios de acabar con la familia. Con actos muy sencillos como el amor se los puede vencer, haciendo que sus objetivos de socavar las relaciones interpersonales se frustren y no logren medrar.

---

[3] Doctrina y convenios 58:28.
https://www.churchofjesuschrist.org/study/scriptures/dc-testament/dc/58?lang=spa

Ni el feminismo ni el machismo debieran existir. Cualquier doctrina o movimiento social que cause una fisura o grieta entre las personas o sociedades para dividirlas es nociva, y no solo debe ser rechazada de manera tajante, sino contrarrestada enérgicamente. Recuerda el regalo de los dioses (la cucharita, véase el apartado sobre Tiempo libre y diversión en el capítulo diecisiete, titulado Enamóral@ cada día). Debemos ser como el Yin y el Yang, dos fuerzas opuestas, pero complementarias, que son esenciales en el universo y que, si permanecen juntas, nada ni nadie tiene el poder para vencerlas.

Cap. 4 – Hablemos de ti

Es indispensable que te conozcas a ti mismo para hacer hincapié en tus cosas positivas, puesto que esto ayuda en lo referente a la autoestima, y cambiar aquellas que podrían entrar en conflicto con la contraparte. Aquí la sinceridad contigo mismo desempeña un papel crucial, de lo contrario te estarás engañando a ti mismo al no eliminar trabas que repercutirán en tu matrimonio tarde o temprano.

Gustos

¿Qué te gusta y qué no? Debes determinar con claridad este factor para vivir en plenitud, pero sin agredir la plenitud del otro. Recuerda que tu derecho acaba donde comienza el derecho del otro. Si no sabes qué te gusta no podrás proponerle a tu pareja que te acompañe a realizarlo. Por lo mismo, si no tienes claro qué cosas no te agradan, podrías verte obligado a hacerle los gustos a tu compañero solo por complacerle, pero estarías incómodo y al final arruinaría la experiencia.

Tan importante como conocer tus propios gustos, es conocer los de tu pareja. De este modo, no incurrirás en forzar al otro a hacer algo que no le apetece. Una vez definido a grandes rasgos y en orden de importancia el cúmulo de cosas que gustan y que no, hay que ponerse en campaña para hacer las primeras, cada vez que se presente la oportunidad, y evitar las segundas.

Esto puede parecer algo trivial, pero a la larga desempeña un papel importante en hacer que la convivencia sea más agradable y llevadera.

Miedos

¿Cuáles son tus miedos? Cada uno es un cofre lleno de misterios y secretos, incluso para la persona misma. Hay un himno que dice: *'en el corazón se esconden penas que no puedo ver '*[4]. En los recodos de nuestra alma existen temores que muchas veces determinan nuestras actitudes y condicionan nuestras acciones. Por lo general, esos miedos son como gigantes imaginarios a los cuales nosotros mismos infundimos aliento. Por nuestra parte, nos convencemos de que no podremos vencerlos y claudicamos sin plantearnos siquiera la posibilidad de luchar. Esto puede derivar en un sinfín de problemas.

El filósofo y político romano Lucio Séneca recomendó lo siguiente: *'Aunque el miedo tenga más argumentos, elige siempre la esperanza '*.

---

[4] Himno 138 'Señor, yo te seguiré'.
https://www.churchofjesuschrist.org/media/music/songs/lord-i-would-follow-thee?lang=spa

A semejanza de los problemas, si huyes de los fantasmas nunca dejarán de perseguirte. Con la diferencia de que son mucho menos reales y más una creación de tu mente. Para que el martirio por fin acabe, estarás forzado a plantarle cara para que se desvanezca como la oscuridad ante la luz. Una vez que hayas tenido el coraje de mirar debajo de la cama, habrás descubierto que nunca hubo nada escondido allí.

A partir de ese momento te verás libre para afrontar con la ligereza del aire la verdadera aventura que es el matrimonio.

Traumas

Los traumas muchas veces pueden influir en gran medida en nuestra autoestima. Una vez dañada la valoración que tenemos de nosotros mismos, estaremos mucho más vulnerables a los embates de la vida y también a cometer errores de percepción. Si observas un objeto con una lente cóncava te brindará una imagen deformada de dimensiones más pequeñas. Por el contrario, si utilizas una lente convexa obtendrás una imagen exagerada. En ambos casos la imagen difiere de la realidad. Es por ello que debemos ver la realidad con un enfoque correcto, con la menor distorsión posible.

Una autoestima baja acarrea múltiples problemas como celos enfermizos, mal humor, temores infundados, inseguridad, entre otro montón de cuestiones que son muy perjudiciales para la salud de un matrimonio.

Piensa que un individuo podría dudar seriamente en arriesgarse a convivir con alguien que tiene trastornos potencialmente peligrosos. Si has logrado hasta ahora disimularlos tan bien que nadie lo haya notado aún, sé sincero contigo mismo en cuanto a la gravedad de los acontecimientos que te causaron una herida tan considerable y decide si reviste o no un peligro para el otro o para tu matrimonio. Si no lo tienes suficientemente claro no dudes en buscar ayuda, tal vez sea una bomba de relojería que podría estallar en cualquier momento con consecuencias imprevisibles.

Mi propósito al afirmar esto no es minimizar o trivializar el dolor o sufrimiento de dichas almas, sino echar luz sobre las vetas que pueden estar ocultas bajo un manto de normalidad y serenidad, pero que pueden resultar en un problema grave de un momento a otro tanto para sí mismo como para su entorno.

Los traumas están íntimamente relacionados a un dolor perenne, una herida que no cierra. Esto suele generar una infección que no para de supurar pensamientos peligrosos, gangrenando tu ánimo de rencor. En esto debes ser muy prudente, puesto que, si tú corazón intenta cimentarse sobre el odio y la ira, todo tu ser irá secándose y debilitándose hasta caer al vacío. No puedes alimentar ni a tu cuerpo ni a tu espíritu con una sustancia venenosa y esperar que se sienta bien, y se mantenga fuerte y vigoroso. Esta acción necia deriva en la muerte.

Aplicar la ley del Talión del ojo por ojo puede parecer tentador al principio. Buscar venganza pudiera presentarse como la mejor opción para consumir el dolor y la indignación en el fuego de la ira. Sin embargo, descargar nuestro sufrimiento y procurar obtener alivio a través de cometer un acto que podría agravar la situación ya de por sí dolorosa añadiéndole más frustración, culpa y temor, podría ser uno de los errores más terribles que podamos cometer.

Les voy a relatar un ejemplo testimoniado por una mujer muy valiente que demuestra cómo el amor puede convertirse en el instrumento óptimo para propiciar una sanación mucho más profunda y alcanzar una paz verdadera y duradera, en vez de recurrir a infligir en alguien lo que suponemos que debiera ser el producto de nuestra cólera, o sea, lo que consideramos que son las justas consecuencias de los actos aborrecibles del otro.

Ocurrió cuando ella era solo una adolescente que fue violada. Durante aquel acto abyecto quedó embarazada. En tales penosas circunstancias, sobrevino la dura e inevitable decisión de tener al bebé o abortar al producto de una violación. La opción parecía muy clara y evidente para la mayoría, sin embargo, aquella joven muchacha que había sufrido tan terrible ultraje, escogió contra todo pronóstico tener a su bebé. El relato de su propia boca sigue a continuación: *'el amor por mi hijo llegó a ser tan grande que me ayudó a superar aquel trauma tan devastador y a suplantar el dolor por la alegría de tenerlo'*.

En este tipo de casos concretos la decisión es enteramente personal y ningún individuo puede juzgar de manera alguna en cuanto a ello, pero es un extraordinario ejemplo de cómo el amor es la fuerza más poderosa, valiente y sanadora que existe, aunque nos cuenten también otras historias repletas de sesudas justificaciones.

Si has pasado por alguna eventualidad trágica a manos de alguien más y el rencor carcome tu interior, mi sugerencia es que tengas cuidado de no proceder de tal manera que puedas llegar a cometer un error más ruin que el que buscas castigar, porque esto solo te perjudicará a ti allí donde no se ve, o sea, tu alma. Sacrificar en el altar de la ira (sobre todo si se tratase de sangre inocente como es el caso de aquel niño) no satisfará las demandas de la justicia, solo puede que se enardezca contra ti mismo. Porque al fin y al cabo nuestra propia conciencia y los gritos ensordecedores de la culpa se tornarán en los peores jueces que podamos enfrentar.

Jesucristo prometió a quienes le siguieran: *'La paz os dejo, mi paz os doy; yo no os la doy como el mundo la da. No se turbe vuestro corazón ni tenga miedo '*[5]. No estamos hablando de un sentimiento que podamos comprender con los escasos recursos que contamos, es una condición que trasciende esta vida y a este mundo. Podemos hacer todo lo que esté a nuestro alcance para tener paz y, de hecho, lograrla de manera relativa, pero tengo que decirte que no existe otro medio por el cual se pueda recibir una plenitud de sosiego del alma. Hago constante referencia a Él porque ha llegado a ser tan importante en mi vida que no puedo evitarlo.

En cualquier caso, acudir a un profesional es un recurso que puede ayudar a superar momentos sombríos de nuestro pasado que nos causan dolor y nos impiden ver la vida en toda la gama de colores que presenta. Ten en cuenta que intentar trabajar para lograr un matrimonio saludable mientras arrastras algo tan pesado como puede ser un trauma que entumece tus emociones y perturba tu alma severamente, podría llegar a

---

[5] Juan 14:27.
https://www.churchofjesuschrist.org/study/scriptures/nt/john/14?id=p27&lang=spa#p27

convertirse en un reto casi insalvable. Imagina tratar de construir un hogar con las manos atadas. Primero debes cortar las ataduras que te inmovilizan, para luego poder realmente poner manos a la obra.

Creencias

Las creencias de cada persona juegan un papel fundamental en su comportamiento, en su forma de encarar la vida, en su actitud ante los desafíos. Afectan su sistema de valores, influyen en su manera de desempeñarse en el aspecto moral, condiciona su concepción del universo que lo rodea y, por supuesto, lo constriñe en el trato con los demás y consigo mismo. Creer es el paso inicial.

Por ejemplo, si crees que todo acaba con la muerte, bien podrías sentir desprecio por la vida. Si crees que no existe la justicia, podrías pensar que puedes hacer lo que se te venga en ganas porque no serás condenado o incluso considerar la posibilidad de hacer justicia por mano propia. Si crees que eres el resultado de la casualidad, entonces podrías no encontrar un sentido a tu vida y la motivación no sería tu fuerte. En cambio, si crees que debes ser honrado y leal, probablemente te saques una nota alta en tu matrimonio, como padre, y en cualquier otro ámbito de la vida.

Analiza tu sistema de creencias y valores, y luego considera de qué manera afectará a tu matrimonio. Dependerá de cuál sea tu caso. Después de todo solo tú puedes tomar las riendas de tu vida y orientarla hacia donde quieras ir.

En mi caso Dios ha sido clave para lograr una estabilidad que no podría haber perdurado de otra manera. Las cosas de Dios, si uno lo permite, inducen a hacer lo bueno. Que no comprendamos completamente los poderes divinos que actúan en, sobre y a través de nosotros no quiere decir que no podamos acudir a ellos y que estos realmente nos aseguren el éxito si buscamos acceder a su influencia benéfica. No perderás nada con intentarlo, pero es tuya la elección.

Al final, la clave es tener a Dios en nuestro corazón para que se vea reflejado en nuestra vida. Esto nos inducirá a hacer lo bueno en cada decisión que tomemos y en cada acción que realicemos. No obstante, hay personas que no consideran esta opción y, si bien pienso que estaremos excluyendo la piedra del ángulo y la roca fundamental, aquellas personas que estén dispuestas a afrontar la vida en matrimonio sin la base más crucial y la ayuda más importante, deben de ser conscientes de que será todo mucho más difícil, aunque no imposible.

Personalmente considero y estoy convencido de que, si tenemos a Dios como mediador en nuestro hogar, todo irá bien. Pero eres libre de tomarlo o dejarlo. Ahora bien, como mi deseo es tratar de brindar ayuda y consejo a todos los que quieran recibirlo, también abarcaremos todas las pautas y herramientas que podamos para, a su vez, considerar a quienes no crean en Dios o no tengan la confianza suficiente en Él como para apoyarse en el Consejero más idóneo, amoroso y sabio.

Aspiraciones

Una persona busca como compañero a alguien que tenga aspiraciones en la vida. Es difícil que alguien se conforme con un perdedor que se ha quedado varado al costado del camino esperando a que las cosas le caigan del cielo o las oportunidades aparezcan de repente como por arte de magia. ¿Qué te motiva? Si no tienes una motivación, busca una. Es la energía que nos mueve.

La imagen que los demás se forman de nosotros tiene que ver con lo que demostramos con constancia a lo largo del tiempo. Una persona emprendedora será relacionada con actividad, con acción, con vitalidad, y otras cualidades asociadas a hacer y moverse. Su comparativo sería un río que fluye, lleno de vida y brindando recursos a su entorno. Por otro lado, tienes el sujeto que no reacciona. Permanece inmóvil sin creatividad o esfuerzo alguno. Su mente está en pausa. Se le podría comparar con el agua estancada que tiende a pudrirse, de donde se puede sacar muy poco provecho. Por lo general los seres vivos tienden a alejarse de estos estanques improductivos e inertes.

Si deseas que tu pareja te vea con buenos ojos, demuestra motivación, proyecta tus sueños, refleja tu propósito en la vida a través de tus actos diarios. De lo contrario, no te verás tan atractivo como quisieras. Debes tomar la decisión de qué hacer con tu vida y arrimar el hombro a la carreta para que comience a moverse. Empuja con decisión y de esa manera inspirarás a los que te observan con atención.

A fin de cuentas, todo siempre dependerá de las decisiones que tomemos. Decide el rumbo y luego comienza a avanzar sin temor a gastar energías. Todo esto es saludable.

Dale G. Renlund dijo: *'Nos volvemos vulnerables cuando nos detenemos o incluso cuando aminoramos la velocidad de nuestro avance. Nuestro ímpetu espiritual se ve afectado "*[6].

Fortalezas y debilidades

Las compañías de negocios suelen utilizar una herramienta para crear estrategias empresariales conocida como el análisis FODA[7]. Mediante esta sigla evalúan las fortalezas (capacidades y recursos), las oportunidades (factores que resultan positivos y favorables), las debilidades (causas de efectos perjudiciales) y las amenazas (que atentan contra la estabilidad). Este análisis se basa tanto en el sujeto de estudio como en su entorno. Se puede aplicar a una compañía de negocios, a una persona o incluso a un matrimonio. Asimismo, se puede usar para resolver problemas personales y hasta para examinar la personalidad propia.

Así que sería un buen ejercicio que te sentaras y lo aplicaras a ti mismo en primera instancia. Si ya eres casado, podrían hacerlo en conjunto para testear vuestro matrimonio y también mutuamente. Te sorprendería descubrir algunos aspectos que podrían representar un problema. Trabajar en ellos sería una buena forma de prevenir consecuencias. También hacer hincapié en aquellos puntos que son favorables. Esto fortalecería lo ya existente. Resumiendo, podrías determinar las oportunidades y tomarlas, y fortalecer los puntos flacos.

---

[6] El poderoso ciclo virtuoso de la doctrina de Cristo - Conferencia General, abril de 2024.
https://www.churchofjesuschrist.org/study/general-conference/2024/04/43renlund?lang=spa#p6
[7] https://asana.com/es/resources/swot-analysis

Considerar las virtudes para apoyarse en ellas y precisar aquellos defectos que pueden ocasionar inconvenientes son pasos muy acertados a seguir. Encontrarán como matrimonio que suelen compensar las virtudes de uno los defectos del otro. Solo deben esforzarse por trabajar en equipo y de manera proactiva y constructiva, no con ánimo de juzgar o echar culpas.

Luego de hacer el análisis FODA y llevar a cabo las acciones pertinentes que se hayan determinado, es necesario realizar un seguimiento de los resultados o tomar medidas correctivas de ser requerido. Solo después de esto estará concluido este análisis. Luego, volver a empezar.

Este análisis o ejercicio de evaluación puede ser muy útil y revelador. Sin embargo, existe una diferencia enorme entre analizar o evaluar y el discernir las cosas. Discernir las situaciones, los problemas o incluso a las personas es el equivalente a poder conocer el enorme témpano de hielo que se encuentra sumergido debajo del agua y que permite que una pequeña porción del iceberg asome a la superficie. No se puede solo por nuestra propia cuenta, necesitaremos la ayuda e inspiración divina. Dependerá enteramente de ti el recurrir a esta fuente de inagotable conocimiento o desestimar la posibilidad y conformarte con arreglártelas solo aplicando tus limitadas capacidades.

Una vez descubiertas nuestras fortalezas y detectadas nuestras debilidades, será hora de trabajar sobre ellas. El esfuerzo repetitivo y constante hará que estos valores y cualidades logren interiorizarse en ti, para luego exteriorizarse de forma espontánea y genuina. Por el contrario, las debilidades deberán de ser reforzadas y, en lo posible, cercenadas cual tumor maligno.

Cap. 5 – ¿Qué experiencias has tenido al relacionarte con otras personas?

Si has tenido que internarte en la jungla de cemento a buscar un trabajo sabrás que el primer requisito que en su gran mayoría piden las empresas para contratar a alguien es la experiencia. De lo contrario, deberás tener la debida preparación académica, y ni siquiera la exhibición de un diploma te asegurará que vayan a tomarte en un trabajo. Esto se aplica con toda propiedad a la hora de llevar adelante una relación tan compleja como lo es el matrimonio, con la salvedad de qué no existe una universidad para esposos y esposas. Tendrás que tomar el ejemplo de otros e ir aprendiendo sobre la marcha, entre aciertos y fracasos. También es importante incorporar lo aprendido o aprehenderlo, es decir, aprenderlo y retenerlo. No valdrá de nada un título o certificado si has olvidado lo que te enseñaron durante tu tiempo de formación y, por consiguiente, no sabes cómo aplicarlo cuando sea preciso.

La falta de experiencia puede conducirte por caminos escabrosos; pero tranquilo, esto no solo es natural, sino también necesario. Nadie nació sabiendo.

Es parte integral de la vida de cada persona. En cambio, conocer de antemano ciertos tips puede ahorrarte un enorme cúmulo de problemas. Para contraer matrimonio no es requerido tener experiencia previa, pero sí la humildad para reconocer los errores y el deseo de aprender y ser mejor compañero cada día. Si no evidencias una progresión con el transcurso del tiempo, pronto comenzarán los problemas, dado que tu pareja no tendrá toda la paciencia del mundo para soportar tus impertinencias por el resto de la eternidad. Cualquiera que tenga una espina en el pie querrá quitársela cuanto antes dado que la constante molestia le recordará que debe hacerlo y el dolor le apremiará a que lo haga cuanto antes. No seas una piedra en el zapato que obligue a detenerse en seco para quitárselo y arrojar lejos la piedra, sino más bien una almohadilla suave y esponjosa que permita continuar el viaje indefinidamente y con buen ánimo.

Dentro de esas experiencias lo esperable es que hayas logrado adquirir la destreza de darle el espacio que la otra persona necesita y respetar sus tiempos. Para ejemplificar, digamos que tu pareja está pasando por una situación en la que ha sufrido la pérdida de un ser querido. Has de ponerte en su lugar y ayudarlo a atravesar ese período difícil o doloroso a ultranza el tiempo que sea necesario. No puedes exigirle a alguien que se sienta bien cuando no lo está, o pretender que esté alegre cuando en realidad se siente triste. Tampoco puedes fijar una fecha o un plazo para que esa persona se recupere y vuelva a ser el de siempre. No funciona así. Tendrás que ser paciente y, sobre todo, comprensivo y compasivo. Tus palabras de consuelo y aliento pueden servir y, de hecho, son requeridas. Así como una actitud que refleje tu disposición a apoyar a tu pareja y a contribuir para que se sienta mejor sin importar el tiempo que demande. Pero también son indispensables los espacios que con atino debes procurarle. Ten cuidado de no estar encima de la otra persona todo el tiempo, creyendo con ello que por administrarle grandes cantidades de medicación se mejorará antes. No estará de ánimo ni tendrá la fortaleza para cargar con un peso extra.

Por otro lado, es importantísimo respetar su intimidad. Bajo ninguna circunstancia vayas a arrogarte el derecho a invadir su privacidad. No cometas el craso error de creer que el matrimonio te otorga automáticamente un certificado donde consta que eres su dueño. Recuerda que es tu compañero, tu igual, no tu esclavo u objeto de tu propiedad del que puedas disponer a tu antojo. Sin importar cuan estrecha sea la relación entre dos individuos, la intimidad personal siempre estará presente. Es un derecho inalienable que ambos poseen.

Pasemos a otro aspecto en lo que refiere a las experiencias previas. Casi podría aseverar con una certeza del cien por ciento que no ha existido ni existirá sobre la faz de la tierra y en el discurrir de las eras un hombre o una mujer que no haya tenido un desencuentro amoroso en algún momento de su vida. Si ha habido alguien que no, me alegro mucho por esa persona y vendría a ser algo así como la excepción que confirma la regla. Este hito en la existencia de todo ser humano suele calar hondo en nuestro núcleo más profundo. Por ende, las consecuencias afloran a la superficie de manera casi inevitable y de las formas más impredecibles. Pero, si existe un momento en que pueden resurgir y de manera muy potente es durante una relación posterior, y el matrimonio es precisamente una de esas relaciones.

Primero que nada, si hay ciertas cosas que remueven las aguas turbias de tu pasado, intenta evitarlas manteniéndote lo más alejado que puedas de ellas. Controla tus pensamientos y tus pasos. Revolver las cloacas nunca será una experiencia agradable y solo atraerá a las moscas al resurgir la hediondez. A veces la mente nos juega malas pasadas y podemos caer en actitudes masoquistas de revivir una y otra vez cuestiones que deberían estar muertas y enterradas. Busca conservar un equilibrio en todas las cosas para no acabar infligiéndote daño emocional a ti mismo reiteradamente y casi sin darte cuenta.

Entonces, si ya has entrado en el convenio del matrimonio y las repercusiones de aquel suceso aún resuenan en el delicado cristal que conforma tu actual relación, es hora de plantarle cara y decirle basta. Es una situación que ya pasó, distinta de la que vives ahora. Y porque haya ocurrido, no quiere decir por ello que volverá a pasar inexorablemente. La posibilidad existe, no te lo voy a negar, pero si trabajas diariamente en administrarle las condiciones necesarias para que tu matrimonio se conserve rebosante de salud y vitalidad, no tienes de qué preocuparte. No te **pre-ocupes**, sino **ocúpate** arduamente del bienestar de tu matrimonio y todo saldrá bien.

Olvida el dolor del pasado, lo que te ayudará a llevar una vida más plena. Esto es dirigir la mirada hacia adelante, pero recuerda las lecciones aprendidas y aplícalas cuando las circunstancias lo impongan. No querrás tropezar dos veces con la misma piedra.

Cap. 6 – Personalidad y carácter

Cada uno es único e irrepetible. Tu personalidad te constituye y distingue. Es probablemente por este rasgo que tu pareja siente atracción hacia ti, aunque siquiera sea consciente de ello. Mucho más que lo físico, porque recuerda que este aspecto es efímero. Nos marchitamos con la celeridad de las tiernas flores. Puedes tener un rostro perfecto y un cuerpo escultural, pero estas características no durarán mucho tiempo dado que la vejez llega de manera ineluctable y a pasos vertiginosos, aunado esto a los achaques de la vida. Así que, si no fundamentas tus sentimientos sobre un lecho sólido como ser una personalidad bien constituida y el buen carácter, entre otras cualidades de naturaleza emocional y atributos de índole espiritual, tu matrimonio estará condenado a desplomarse con el decurso de los años.

Solo codiciar el aspecto físico de otra persona, pasando por alto todo lo demás, no deja de ser materialismo del más recalcitrante. Esto puede traerte desagradables sorpresas. Si adquieres un automóvil por su condición exterior, seducido por un brillo enceguecedor, podrías encontrarte un chasis encerado con un motor fundido.

El fijarse demasiado en la belleza física durante la etapa del noviazgo al punto de impedirte ver algunas advertencias de peligro en cuanto a ciertos rasgos de su personalidad o aun de vicios o malos hábitos que pudiera tener, puede acarrearte severas consecuencias en instancias más avanzadas de la relación y, peor aún, una vez incurrido en el matrimonio. El noviazgo representa una excelente oportunidad para conocerse más a fondo con la otra persona de modo que les ayude a tomar una decisión consensuada tan trascendental como lo es el casamiento. Así que procura sacarle buen provecho, aunque aclaro con esto que no me estoy refiriendo a dilatarlo en el tiempo al punto de eternizarse en la primera etapa de la relación. El principal objetivo debiera ser conocerse mejor y una vez cumplido, pasar a la siguiente etapa.

Una vez determinada la conveniencia y la plausibilidad de llegar a concretar las nupcias y de tener la certeza del importante paso que se va a dar, debes tomar la determinación de hacerlo y mantenerlo. Ya con esto el ambiente será mucho más favorable para mantener la tranquilidad. Entonces comenzará a reinar la calma. Ese sentimiento tranquilizador en la iglesia[8] a la que asisto se lo atribuye al Espíritu Santo y es clave para amalgamar dos personalidades completamente diferentes y que pueda acoplarse el carácter de personas repletas de defectos. Es el único que puede dar paz real y duradera. Si lo consideras con detenimiento, ¡es un verdadero milagro!

Un ambiente sereno donde reine la paz es terreno fértil para una convivencia agradable y sin sobresaltos.

---

[8] La Iglesia de Jesucristo de los santos de los últimos días.

Vivir en tensión constante no puede brindar bienestar jamás. Sé de lo que te hablo puesto que yo tuve mis épocas de mantener una actitud de estar a la defensiva todo el tiempo y en pie de guerra, como si mi esposa fuera un enemigo al que debía derrotar. Viendo esto fuera de contexto te podría parecer una locura, pero son cosas que pueden pasar y, de hecho, pasan seguido. Ahora bien, una vez que comprendí que ella era el amor de mi vida y no lo contrario, todo comenzó a funcionar mucho mejor, luego que ella también depusiera las armas y se reestableciera la confianza y la paz en el hogar. Agradezco que ese proceso haya ocurrido.

Una de tantas veces que me he encontrado leyendo las escrituras, me topé en la Biblia, más concretamente en el Antiguo Testamento, esta oración que me impactó y que viene al caso: *'no se jacte el que se ciñe las armas, sino el que se las desciñe'*[9]. Respaldo completamente esta forma de pensar; siempre será la clave ante cualquier conflicto. Sin importar que esté en ciernes, en pleno desarrollo o en las deplorables postrimerías, nunca es tarde para deponer las armas de guerra y poner en pleno vigor la utilización de los instrumentos que propenden al amor.

Para ilustrarlo mediante una situación similar, podríamos afirmar que ninguna palabra tiene de forma inherente el poder de ofender por sí sola. Tú decides si te ofendes o no frente a lo que diga la otra persona. Siempre dependerá de ti la elección de tomar las armas o abandonarlas y enterrarlas.

---

[9] 1 Reyes 20:11.
https://www.churchofjesuschrist.org/study/scriptures/ot/1-kgs/20?lang=spa

Un carácter fuerte puede propiciar encontronazos que dificulten la estabilidad en el matrimonio. Es importante ir puliéndolo con mucha paciencia y esmero. En cambio, un carácter dulce y maleable es mucho más accesible. Asimismo, no se debe confundir con un carácter débil y enclenque. Una actitud obsecuente tampoco es recomendable, pues resulta adversa. La falta de carácter puede producir un efecto de rechazo o aun desprecio por parte de la otra persona. Vuelvo a repetir, los extremos nunca son buenos.

No siempre concordarán en todo. De hecho, cuantas más diferencias existan entre ambos más divertida y enriquecedora será la convivencia. A eso llamo yo un complemento perfecto. Probablemente si a ti te gusta lo dulce, a tu pareja le gustará lo salado. ¡Es así de simple y maravilloso! En el caso de mi matrimonio, ¡compartimos los mismos gustos y somos idénticos, como dos almas gemelas! Es chiste. No nos parecemos en nada, ella es friolenta y yo acalorado, a ella le gusta lo salado y a mí lo dulce, ella es tierna y yo gruñón. Tanto es así, que hemos llegado a adivinar lo que le gusta al otro sobre alguna cosa solo con pensar en lo opuesto a lo que me gustaría a mí. ¡Es así de increíble y sencillo!

Deberán procurar con ahínco la racionalidad y evitar el prematuro enardecimiento de las pasiones. Ser tardo en airarse y rápido para considerar todas las opciones en juego es sinónimo de una personalidad agradable y el producto una convivencia pacífica.

El sabio proverbista escribió este apotegma: *'El hombre iracundo promueve contiendas, pero el que tarda en airarse apacigua la rencilla* [10]. Si realmente deseas tener un buen matrimonio, sabrás sin lugar a dudas cuál de ambas actitudes deberás cultivar y fomentar.

---

[10] Proverbios 15:18.
https://www.churchofjesuschrist.org/study/scriptures/ot/prov/15?lang=spa#study_summary1

Cap. 7 – Intenciones

Las intenciones pueden ser buenas, neutras o malas, y de esa forma determinan nuestras acciones. Nos centraremos en las intenciones reprobables moralmente para tener claro cómo sortear los mortales socavones que podrían abrirse ante nosotros. Los pasos dirigidos hacia una buena meta nunca te llevarán por senderos peligrosos. Podrá haber piedras en el camino, pero serán para tu beneficio si sabes aprovecharlas y al final todo saldrá bien. Sin embargo, si te enfocas en un destino peligroso o aciago, no importará lo hermoso que sea el paisaje que recorras y cuánto disfrutes del viaje, al arribo lamentarás la decisión inicial al sufrir las inevitables consecuencias de tus actos y acabarás siendo tu propio juez.

Los designios se pueden esconder de los demás (al menos por un tiempo), pero continuarán presentes en nuestro interior, pugnando por hacerse realidad. Y si lograsen salir, lo harían con mucho mayor virulencia que si no los hubiéramos reprimido. Esconderlos, soterrándolos debajo de apariencias antagónicas, solo traerá aparejado más afán, mayor fermentación. El camino a seguir es trabajar en descartarlo o luchar por superarlo.

Jesucristo amonestó con estas palabras a las personas que pretendían ser una cosa en su trato con sus semejantes, pero por dentro eran todo lo contrario: *'¡Limpia primero lo de dentro del vaso [...], para que también lo de fuera quede limpio!'*[11] Lo exterior no tiene la importancia que normalmente le asignamos. La clave radica en nuestra esencia, en lo que no se ve. Mira dentro de tu propio corazón.

Sé honesto contigo mismo. El orador romano Marco Tulio Cicerón afirmó lo siguiente: *'Mi conciencia tiene para mí más peso que la opinión de todo el mundo'*. Si tus intenciones no son del todo loables o al menos admisibles, deberías iniciar un proceso de interpelación que arroje un dictamen de reprobación e inmediato cambio de criterio. De lo contrario, no podrás mentirte a ti mismo. Más pronto que tarde aflorará a la superficie.

Honestidad

A fin de cuentas, eres lo que hay en tu corazón, no lo que traes puesto o incluso lo que simulas ser. Y esto no lo puedes ocultar por mucho tiempo, pronto saldrá a la luz y se hará evidente. Pero sí puedes ir limpiando el depósito de manera asidua y cambiar paulatinamente mediante un trabajo arduo y puntilloso. Siempre se puede cambiar, y esto aplica tanto para bien como para

---

[11] Mateo 23:26.
https://www.churchofjesuschrist.org/study/scriptures/nt/matt/23?lang=spa#p25

mal. No tengo que decirte cuál es la opción correcta. Haz los arreglos necesarios para marchar en la dirección adecuada, que tú conoces cuáles son mejor que nadie.

La honestidad es una virtud que uno debe proponerse conservar cual tesoro sagrado, dado que siempre te redituará grandes beneficios. Para ello deberás luchar firmemente contra la tendencia natural a mentir, encubrir y aparentar que posee el ser humano. Somos como las raíces de un árbol, las cuales deben abrirse paso a través del duro y rocoso manto de la corteza terrestre. Siempre tendremos que luchar contra nuestras flaquezas y defectos, pero al hacerlo saldremos fortalecidos y perfeccionados, y al final, victoriosos.

Cultivar ideales elevados es como construir una escalera que nos remonte escalón por escalón al sitial más alto. Más adelante veremos la importancia de esto para tu propia supervivencia emocional y la de tu matrimonio. Primero debes ser honesto contigo mismo para luego serlo con los demás. Una vez alcanzado este punto podrás ser espontáneo, lo cual implica alcanzar el siguiente nivel dentro de la pareja. Si estás fingiendo se nota, es algo que no puedes evitarlo y ocultarlo, porque tu propia expresión corporal y aun tu lenguaje gestual te delatarán dando grandes voces detractoras. Por mucho que intentes demostrar algo que no es lo que pretendes realmente, tu inconsciente siempre expondrá la verdad, dejándote en evidencia. Y todo esto pasará aunque los demás no te confiesen que te han descubierto.

Ser deshonesto con nuestra pareja mientras que afirmamos que queremos tener un matrimonio exitoso es como hacerse trampa al solitario[12]. No tiene ningún sentido.

Maldad

Todos tenemos nuestro lado oscuro. Somos seres sujetos a nuestras propias pasiones y muchas veces a fuerzas que ni siquiera sospechamos y mucho menos conocemos o siquiera podríamos comprender. Para colmo, también somos fácilmente influenciables, lo cual incluye mayoritariamente los comportamientos perniciosos. Así que sí, convivimos con nuestra cara aviesa como el dios Jano de la mitología romana. Eso está fuera de discusión. La cuestión es: ¿qué podemos hacer para que nuestro lado bueno prevalezca?

Edmund Burke denunció con acierto una vez: *'Para que el mal triunfe, solo se necesita que los hombres buenos no hagan nada'*. Esto aplica tanto en un ámbito específico como en lo personal. Si te dejas llevar y no tomas las riendas del asunto, el despeñadero será el final de tu periplo.

Un hombre muy sabio aconsejó lo siguiente: *'Confía en Jehová con todo tu corazón, y no te apoyes en tu propia prudencia. Reconócelo en todos tus caminos, y él enderezará tus veredas'*[13]. Es muy difícil discernir los pasajes del laberinto que llevamos intrínseco. Esto es verdad. Por tal motivo, para tener alguna chance en tu lucha por impedir que tus pasiones se exacerben y pierdas el control de ti mismo, debes ser

---

[12] Juego de cartas que implica una sola persona.
[13] Proverbios 3:5–6.
https://www.churchofjesuschrist.org/study/scriptures/ot/prov/3?lang=spa

autocrítico, y nunca indulgente. La peor estrategia es justificarse, y la que le sigue es ponerse en plan de víctima. No te excuses, admítelo y luego procede a resolverlo.

Pero hay una buena noticia. Podemos mantener a raya ese costado que podría acarrearnos consecuencias de las cuales luego tengamos que arrepentirnos. Para esto solo debemos tener muy clara una cosa: *'la maldad nunca fue felicidad'*[14]. Hacerle caso a esa vocecita siniestra que nos susurra al oído que hagamos cosas, las cuales muy en el fondo sabemos que no son correctas, es ser poco sabio e incauto. Por mucho que nuestros amigos o la televisión o el youtuber de moda nos insten a hacerlo, solo nos ocasionará desdicha y pérdidas de todas clases. Está de más señalar que dentro del matrimonio, esto solo tendrá un desenlace y es la ruptura definitiva.

Puede que te resulte demasiado abstracto lo explicado en este apartado y que el concepto mismo sea considerado por muchos como una cuestión más bien filosófica antes que un asunto del diario vivir, pero te aseguro que viene a ser la clave fundamental para todo en la vida. No tienes por qué vencer los desafíos tú solo. Tu compañero puede ser tu mejor aliado.

Atención

Cuando desviamos nuestra mirada hacia otra persona que no sea nuestro compañero de viaje, es el

---

[14] Alma 41:10.
https://www.churchofjesuschrist.org/study/scriptures/bofm/alma/41?lang=spa

equivalente a sembrar cizaña en nuestra plantación de trigo. Entiéndase por '*desviar*', el hecho de irnos en secreto y en nuestros pensamientos detrás de un tercero (en este caso, nunca mejor dicho, el de la discordia). Todo incendio comienza con una pequeña chispa. En poco tiempo, todo el esfuerzo que hemos empeñado se habrá echado a perder y correremos el riesgo de ser envenenados. Siempre será mejor prevenir que curar.

Si lo haces de manera persistente y deliberada, si insistes en fijar tu atención en otra persona, todos tus pasos también se desviarán detrás de ella. Conforme notes que te inclinas más por otras cosas, procura revivir aquellos momentos en que tu pareja lo era todo para ti. Rememora lo que sentías al comienzo, cuando recién l@ conociste. Comprobarás que una distracción que te agrada o te divierte no solo no tiene el valor suficiente para arriesgar tu matrimonio, sino que pronto te darás cuenta que no puede suplantar a tu compañero de vida. Si permites que aquel fuego que una vez te abrasó al besar sus labios vuelva a encenderse, todos los origamis que circundan tu ámbito cotidiano arderán hasta reducirse a cenizas, las cuales serán llevadas por el primer viento que sople.

Todo comienza con un pensamiento. Mantener nuestro objetivo centrado en nuestra mente y, por extensión, en nuestro corazón constituye el cimiento que se encuentra bajo tierra. No se ve a simple vista, pero aun así sostiene toda la estructura intacta. Para que nuestra relación sea firme y no acabemos volviéndonos completamente insensibles, no debemos ser quienes provoquemos un sismo que eche al suelo todo lo que hemos construido con tanto esfuerzo. Todo esto requiere mucha prudencia, en una labor muy metódica de sustituir, sin fingimiento, pensamientos indebidos por aquellos que forjarán una relación estable.

No voy a ser ingenuo en este punto. Si una persona pasa frente a una vidriera y allí se exhibe algo hermoso y no lo observa al menos un instante tiene solo una explicación, es ciego o se le han extraviado los gustos. Sin embargo, es preciso diferenciar de manera categórica entre admirar la belleza de una persona por un momento y el hecho de obsesionarse con ella al punto de premeditar cómo conquistarla. Esto solo provocará que nuestro corazón se aleje de nuestro cónyuge hasta que ya se encuentre demasiado distante para volver. La primera acción es casi involuntaria y hasta diría natural y comprensible; la segunda es traicionar a quien se suponía que era el amor de nuestra vida por el simple capricho de dejarnos llevar por nuestra vana apetencia y una concupiscencia desenfrenada. Elije la opción correcta.

Jesucristo dio este mandamiento, que más que un mandamiento resulta ser una bendición para nuestra vida al darle aplicación: *'[...] no permitáis que ninguna de estas cosas entre en vuestro corazón'*[15].

Admira a tu compañero, esto no te perjudica en nada, solo demuestra tu nivel de persona y te mantendrá enfocado en él. Procura que tu cónyuge ocupe el lugar preponderante que le corresponde tener.

Una vez leí una frase anónima, con la cual estoy totalmente de acuerdo, que decía lo siguiente: *'Trátense siempre como al principio y nunca habrá un final'*.

---

[15] 3 Nefi 12:29
https://www.churchofjesuschrist.org/study/scriptures/bofm/3-ne/12?lang=spa

Distracciones

Las distracciones no solo tratan sobre interesarnos en otras personas, sino también en poner nuestro corazón en otras cuestiones al punto de que roben toda nuestra atención de nuestro compañero. Y esto suele ocurrir con mayor frecuencia y potencia de la que suponemos.

Si eres hombre y te gusta tanto la pesca que prácticamente te has mudado a la ribera del río, quizás un día regreses con tus pescados en una bolsa para encontrar que ya no tienes con quien compartirlos. Si eres mujer y tienes un pasatiempo de similares características que te atrae tanto que casi no queda tiempo ni deseos de tu parte para dedicárselos a tu esposo, entonces estarás sentenciando tu matrimonio a una muerte agónica y silenciosa.

Si nuestra pareja solo recibe frialdad y las migajas de nuestro festín, pronto perderá también el interés y acabará desviando su atención hacia nuevos rumbos donde hallar cosas más interesantes para hacer, a fin de no desfallecer de hambre. Esto es lógica pura.

Enfocarse es vital. Figúrate conduciendo por un camino sinuoso y que vayas ocupado en la pantalla de tu celular. De seguro acabarás estrellándote en la primera curva que encuentres. Si no direccionas todos tus deseos y energías hacia la persona que quieres conservar a tu lado, muy pronto tu matrimonio caerá por el acantilado de la traición. Puede que tu pareja hasta acabe ganándote de mano. Si lo consideras, es casi una cuestión de supervivencia.

Evitar las distracciones requiere de poseer una mente firme y un corazón bien dispuesto. No es suficiente con no mirar a otro interés o, en el peor de los casos, a otra persona. De hecho, es mucho más importante mantener nuestros pensamientos a raya que tan solo echar un ojo, puesto que nuestra imaginación puede resultar mucho más poderosa que lo percibido a través de nuestros sentidos. Debemos ser disciplinados en este respecto y saber poner límites si se torna necesario.

El barrido de una represa entera por la fuerza de un caudaloso río puede comenzar con una pequeña fisura que permita pasar cantidades ínfimas de agua en apariencia inofensiva. La mente puede ser una extraordinaria herramienta multipropósito que utilicemos para lograr cualquier objetivo que nos fijemos o puede convertirse literalmente en un arma de destrucción masiva. Dependerá de ti el uso productivo que le des o si prefieres sacarle el seguro y andar por ahí con el dedo en el gatillo.

Si permites que tus pensamientos divaguen por fantasías que boicoteen tu estado actual (lo que eres y representas), estarás contribuyendo a socavar todo cuanto has edificado hasta ahora. Te aseguro que destruir es mucho más fácil y rápido que construir. Con suficiente explosivo puedes reducir a polvo lo que llevó años proyectar y luego edificar hasta culminar sus detalles finales. Si no refrenas tu ojo impulsado por tu corazón y das rienda suelta a tus concupiscencias, tu vida se desmoronará en un abrir y cerrar de ojos cual castillo de naipes, para quedar solo tratando de justificar el desastre. No obstante, lamentablemente para entonces ya no importará porque será demasiado tarde.

Así de primordial es mantenerse enfocado y con las ideas claras. Repito, todo empieza con tan solo un simple pensamiento que nace dentro de tu mente.

Cap. 8 – Egoísmo

El egoísmo puede ser una de las actitudes más corrosivas dentro de una pareja, puesto que hace que te concentres en ti mismo y seas odioso para con los demás. Es una condición del alma humana tan nefasta que posee el potencial de destruir todo lo que toca, ya que se alegra con el fracaso ajeno, detesta el éxito de las demás personas y aun busca sacar provecho de quienes le rodean. Esto aplica a nuestro esposo o esposa, y no tengo que redundar en decir que arruinará tu matrimonio en menos de lo que cante un gallo.

Debemos reprimir nuestros impulsos egoístas al igual que un sujeto armado debería guardar en un lugar seguro su arma para evitar dispararla y acabar hiriendo a alguien. Por antagonismo, todo lo que hagas una vez casado debe estar motivado por el amor hacia tu pareja.

A. Maxwell reflexionó lo siguiente: *'La mansedumbre es la verdadera cura, pues no se limita a disimular el egoísmo, ¡lo disuelve!'*[16] Nunca cometas el

---

[16] A. Maxwell - Arrepintámonos De Nuestro Egoísmo, abril, 1999. https://www.churchofjesuschrist.org/study/general-conference/1999/04/repent-of-our-selfishness-d-c-56-8?lang=spa#title1

error de confundir mansedumbre con debilidad. Se debe tener mucho autodominio para ser realmente manso.

Hay un refrán muy inspirado que dice más o menos así: *'Dime de qué presumes y te revelaré de qué careces'*. Si eres egoísta, es probable que carezcas de empatía y puede que tu interior se encuentre algo vacío y oscuro. Abre las ventanas, ilumina tus recovecos para expulsar las cucarachas del desdén y la negligencia, ventila tus rincones más profundos para eliminar el moho de la avaricia, y verás que pronto se te hará mucho más sencillo ser generoso y solidario, hasta que se vuelva uno de tus puntos fuertes y llegue a aflorar de manera natural en ti.

No podemos procurar nuestro bienestar a expensas del bienestar ajeno. Debemos ser íntegros en nuestra conducta hacía nuestro compañero o estaremos tendiendo trampas a nuestros propios propósitos. Es un asunto determinante para la salud de un matrimonio el despojarse del egoísmo. Sin lugar a dudas no tiene cabida en una relación tan estrecha y debe ser aplastado con determinación cual alimaña escurridiza.

El orgullo

El egoísmo está íntimamente emparentado al orgullo, la raíz de todos los males. Se da por descontado que no contribuye en nada. Si deseas ser partícipe de crear un sentimiento de pertenencia dentro del hogar, este sentimiento es el menos recomendable. Debes estar muy atento para advertir cualquier indicación que manifieste este comportamiento y trabajarlo con mucha perspicacia y rigurosidad.

Existe una diferencia tan abismal como del fracaso al éxito entre un matrimonio donde se lucha cada día por evitar los conflictos o bien sanearlos en su momento, y uno donde se da rienda suelta a sentimientos tan ruines como el egoísmo, el orgullo o el resentimiento.

Dieter F. Uchtdorf dijo: *'El gran enemigo de la caridad es el orgullo, una de las principales razones de las dificultades en el matrimonio y la familia. El orgullo tiene poca paciencia, es desagradable y envidioso. El orgullo exagera su propia fuerza e ignora las virtudes de los demás. El orgullo es egoísta y se irrita fácilmente; ve malas intenciones donde no las hay y esconde sus propias debilidades tras excusas ingeniosas. El orgullo es cínico y pesimista, se enoja e impacienta. Por cierto, si la caridad es el amor puro de Cristo, entonces el orgullo es la característica que define a Satanás'[17].*

Dejar que el orgullo nos domine en una relación matrimonial es el equivalente a condenarlo a muerte, inyectando en sus venas una solución letal que ocasione su defunción rápida y estrepitosamente. Lo único que podría dilatar en el tiempo la conclusión fatídica sería una actitud humilde y muy paciente de parte de nuestro cónyuge, y todo esto asociado a un profundo amor por ti. Pero esto no impediría un divorcio a futuro, solo provocaría que su muerte se volviera más dolorosa y agónica. Al final acabará hartándose de ti y se buscará otra persona menos soberbia y arrogante.

Si deseas tener un matrimonio feliz y que se proyecte en el tiempo, y posees estos rasgos y

---

[17] Un elogio a los que salvan - Liahona, abril de 2016.
https://www.churchofjesuschrist.org/study/general-conference/2016/04/in-praise-of-those-who-save?lang=spa#title1

procederes característicos del orgullo, debes deshacerte de ellos y suprimirlos de tu vida con la decisión de quien estaría dispuesto a usar un machete para cercenar de un solo golpe su brazo con el fin de evitar que continúe avanzando la gangrena. No estoy exagerando para nada. De manera enfática te digo, abandona estas actitudes en este mismo instante sin escatimar en los esfuerzos que debas hacer y en las medidas que debas tomar para lograrlo.

Materialismo

Existe un sinnúmero de peligros que amenazan el buen funcionamiento de una relación de pareja. Uno de estos desafíos que suelen enfrentar los matrimonios y del cual se debe tener mucho cuidado es el tema abordado en este apartado. Ojo con las cosas que nos enredan y nos alejan de nuestro verdadero amor. Es un tema que puede ser motivo de todo tipo de tropiezos e incluso caídas fatales de las cuales no podamos levantarnos. No lo subestimes.

Este asunto puede ser tomado muchas veces a la ligera. Cuando hemos trabajado un montón de años para conseguir un bien, cualquiera sea este, la tendencia será a ensimismarnos con el logro en cuestión. Si no somos precavidos y no tomamos las precauciones del caso, puede que acabe convirtiéndose en un objeto de adoración para nosotros. Y una vez que le rindamos culto, por lo general se transformará en un dios celoso y déspota que exigirá toda nuestra atención y devoción, demandando la totalidad de nuestro tiempo disponible y hasta la última gota de nuestras energías. No tendrá compasión, nunca se saciará de poseernos, siempre querrá más de nosotros, pero no estará dispuesto a compartirnos.

Huelga decir que nuestra pareja quedará relegada a las sobras de nuestro ser, si quizá llegase a conseguir eso. Estaremos tan embelesados con aquello que insume todo nuestro tiempo, esfuerzo, dedicación y deseos que olvidaremos a quien tenemos al lado o aun nos irritará el simple hecho de que nos mendigue apenas unas limosnas. Nuestra atención se habrá desviado por completo y a un extremo peligroso.

Nunca minimices lo nocivo que puede resultar el materialismo. Por casos, tu motocicleta, tu carrera profesional, tu empleo, tu hobbie, tu cuerpo. Estos son solo algunos de los muchos ejemplos que existen donde se puede manifestar esta debilidad. Cuando dejas de ser dueño de un objeto para ser su esclavo, es momento de pisar el freno y volver a tomar las riendas de tu vida. Somos muy propensos a perder el control, y esta es una de esas vías de tráfico rápido. Yo me animaría a llamarla *'la autopista de la perdición'*.

Narcisismo

Comencemos por decir que demostrar excesivos aires de superioridad, buscando llamar la atención y que las personas nos admiren desmedidamente, como se describe a esta forma de comportamiento, ya es de por sí considerado un trastorno de la personalidad.

Cito: *'Es posible que a las personas con este trastorno les cueste comprender o no les importen los sentimientos de los demás. Sin embargo, detrás de esta máscara de absoluta confianza propia, no están seguras de ellas mismas y reaccionan fácilmente a la más mínima crítica.'*

'Causa problemas en muchas áreas de la vida, como las relaciones interpersonales, el trabajo, la escuela o los asuntos financieros' [18].

Dicho esto, uno de los primeros pasos y más importantes es reconocer estos síntomas para comenzar a trabajar en revertirlos. Hay que tener en cuenta que los que estén a tu alrededor no estarán tan felices con tu forma de ser. Aunque por ahí no te lo hagan saber por simple educación o como demostración de sutileza.

Otra medida que debemos tomar inmediatamente después de advertir que algo no anda bien es buscar un tratamiento adecuado. Y en el caso que sea nuestra pareja quien padece este trastorno, debemos actuar con paciencia, amor y comprensión en pos de ayudarla. Abandonarla no es la solución ni una opción válida, dado que todos padecemos algún tipo de trastorno más o menos grave, solo que a veces podemos disimularlos de maneras más eficaces. Si fuéramos nosotros quienes padeciéramos el trastorno en cuestión no nos gustaría que se deshicieran de nosotros como quien se desentiende de un problema o una molestia. Sé su ayuda idónea. Esto incluye, sobre todo, estar presente en la adversidad cuando más te necesita.

---

[18] https://www.mayoclinic.org/es/diseases-conditions/narcissistic-personality-disorder/symptoms-causes/syc-20366662#S%C3%ADntomas

Humildad

Pretender que se sabe todo y afirmar que ya no se necesita aprender nada más es insensato. Es como pensar luego de un pingüe almuerzo que, como uno se siente repleto, ya no necesitará de más alimento por el resto de la existencia. Siempre se puede aprender algo nuevo y tener la humildad de reconocerlo es esencial para nuestro progreso y, por extensión, para nuestra transformación positiva.

El Señor Jesucristo dijo: *'Pedid, y se os dará; buscad, y hallaréis; llamad, y se os abrirá'*[19]. Pero esta sencilla invitación requiere tener la humildad de recurrir a Él. Por el contrario, si no crees que Él pueda instruirte, tendrás que conformarte con el modesto consejo de alguien imperfecto que suele equivocarse como yo. Y, en este sentido, mi mayor recomendación es que siempre procures ser humilde.

Ten por seguro que la vida es como una maestra muy abocada a su tarea de enseñar y cumplirá con su función a como dé lugar, ya sea por las buenas o por las malas. Tú decides si recibes la corrección con beneplácito o dando coces contra el rebenque. El caso es que, o aprendes a ser humilde por tu cuenta o la vida te enseñará a serlo utilizando sus métodos, que por lo general suelen ser poco ortodoxos.

Aristóteles dijo una vez: *'La falsa humildad es tan grave como la arrogancia'*. Y si eres soberbio u orgulloso con tu pareja, esas graves características acabarán tarde o temprano constituyéndose en un

---

[19] Mateo 7:7.
https://www.churchofjesuschrist.org/study/scriptures/nt/matt/6?lang=spa

problema de difícil solución. En cambio, si posees las cualidades que prodiga la humildad, te encontrarás avanzando sobre terreno sólido, mientras sorteas obstáculos de todas clases, los cuales siempre llegan. Estas son lecciones que han soportado la prueba del tiempo. Si no me crees, te reto a que las pongas a prueba.

Si te preguntase qué tipo de personas son las que más amigos tienen, ¿cuál sería el tipo de personalidad que supondrías debería tener? Puede que lo primero que te venga a la mente sea un sujeto divertido, extrovertido, grandilocuente, de la especie que paga todos los tragos en el bar. Bueno, quizá sea cierto que este tipo de individuos por lo general siempre esté rodeado de otras personas semejantes a él. Pero esto no quiere decir que sean verdaderos amigos suyos. Son como las moscas que revolotean en torno a un caramelo. Es probable que en el momento en que su ánimo decaiga ante alguna vicisitud y ya no tenga tantos deseos de reír y hacer bromas, o incluso que no cuente con el dinero suficiente para pagar la siguiente ronda, la gran mayoría de aquellos supuestos amigos desaparezca como el humo se esfuma ante al viento.

Así que, observa con atención a tu alrededor y podrás constatar que las personas que son de carácter humilde y que suelen conducirse con mansedumbre sin importar las circunstancias que deban enfrentar, son quienes realmente cultivan relaciones de amistad fuertes y duraderas sin siquiera proponérselo. Podrán tener más o menos cantidad de amigos, pero en este sentido no interesa la cantidad, sino la calidad, y los que están presentes en las buenas, permanecerán en las malas. Esta afirmación se hace extensiva más particularmente a nuestro matrimonio.

David O. McKay lo expresó de la siguiente manera: *'La amistad es una posesión sagrada. Lo que el aire, el agua y la luz del sol son para las flores, los árboles y toda vegetación, así las sonrisas, la simpatía y el amor de los amigos son para la vida diaria del hombre. Vivir, reír y amar a los amigos de uno, y ser amado por ellos es tomar la luz de la vida'*[20]. Sé humilde junto a tu espos@ porque debería ser tu mejor amig@.

Dentro de este concepto enorme y grandioso se encuentra la capacidad de reconocer un error, arrepentirse sinceramente, pedir perdón de corazón y restituir en la medida de lo posible aquello que hayamos roto. Esta actitud jamás te dejará varado en un desierto inhóspito. Puedes tener la certeza de que si demuestras esta clase de humildad siempre serás bien recibido y los frutos son dulces y abundantes, y se comen en una mesa compartida donde no hay llanto ni semblantes tristes.

---

[20] Conferencia general – abril de 1940.
https://www.churchofjesuschrist.org/bc/content/shared/content/spanish/pdf/language-materials/31382_spa.pdf?lang=spa

Cap. 9 – Definamos el matrimonio

Ahora que nos hemos conocido a nosotros mismos un poco más en profundidad, elemento esencial para quitar las piedras y malas hierbas de nuestro terreno, podemos pasar a entender más a cabalidad de qué hablamos cuando hablamos de matrimonio.

Hay una frase circulando en las redes que me compartió mi querida esposa que, entre otra serie de ítems, dice así: *'El matrimonio es difícil. El divorcio es difícil. Elige tu dificultad'*. Es muy ingenioso, pero yo me animaría a decir que el divorcio es mucho más costoso, perjudicial y doloroso. Sobre todo, para los hijos. Así que, aunque dicha frase suene sugestiva, la mejor opción por lejos es luchar por un matrimonio pacífico y fructífero, antes que claudicar ante un divorcio sangriento y asolador.

Una cosa es lo que realmente es y otra muy distinta lo que se quiere imponer que sea. La periodista y escritora estadounidense Mignon McLaughlin se refirió al matrimonio con estas palabras: *'Para tener un buen matrimonio hay que enamorarse muchas veces, siempre de la misma persona'*. Y, ¿por qué hablamos de un buen matrimonio? Porque si no está saludable, más que hablar sobre la maravillosa experiencia que es el matrimonio estaremos tratando acerca de un calvario. Un término intermedio en este sentido es ser conformista y aceptar algo insípido o moribundo, cuando se podría disfrutar del más apetitoso de los manjares y tener la creación más vivaz que existe.

El matrimonio es la unión de un hombre con una mujer bajo convenio. Y, ¿por qué se establece un convenio? Porque han tomado la determinación de amarse, protegerse, perdonarse, y fructificar en la tierra hasta el final de sus días y, dependiendo de las creencias de cada uno, por toda la eternidad, pero en un estado que ahora no estamos capacitados para comprender. Aquí no entra el concepto de divorcio salvo justificados motivos. Y dentro de esta concepción del término, se puede afirmar que sería una incongruencia convivir con quien se supone que debería ser el amor de tu vida y a la vez tratarlo como si fuera tu peor enemigo. Debes ser coherente y consecuente en todo momento entre tu forma de pensar y tu manera de comportarte.

Te contaré un acontecimiento que no solo marcó mi vida para siempre, sino que me ayudó a comprender por qué la familia es lo más importante y espero que te ayude a ti también. Ocurrió estando en España, mientras hacía un curso de vuelo por instrumentos en el helicóptero Sikorsky S-76, allá por el año 2.007. Nos encontrábamos en la fase de navegaciones por reglas de vuelo instrumentales (IFR por sus siglas en inglés), es decir, realizábamos vuelos de un aeropuerto a otro mediante la utilización de la instrumentación de la aeronave provista para tal fin. En este tipo de vuelo de instrucción se prescinde del contacto visual con el terreno, salvo en el momento del aterrizaje, a los efectos de entrenar para un eventual vuelo en condiciones de cero visibilidad como puede ser durante mal clima o sobre un espejo de agua durante un vuelo nocturno en que no haya referencias visuales.

Si mal no recuerdo nos encontrábamos haciendo la pierna[21] de Valencia a Zaragoza, una de las tantas navegaciones que teníamos previstas. En ese momento pilotaba mi compañero, secundado por el instructor. Yo permanecía sentado en los asientos traseros con la compañía del mecánico de vuelo. En la próxima pierna yo relevaría a mi compañero, tomando su lugar en los comandos, junto al instructor y él pasaría al compartimiento de pasajeros.

Volábamos a unos doce mil pies de altitud (unos tres mil quinientos metros aproximadamente). Era invierno, por lo que la temperatura era muy baja, y a aquel nivel de vuelo era de unos cinco a diez grados bajo cero. El controlador de tráfico aéreo nos había asignado dicho nivel de vuelo por requerimiento de la tripulación a efectos de mantenernos por encima de una densa capa de nubes. Dado que nuestro destino se acercaba de acuerdo a las indicaciones de los instrumentos en la cabina, la tripulación solicitó autorización para comenzar el descenso, con lo que tendríamos que perforar la capa de nubes que nos separaba de la tierra.

Al recibir la autorización de la torre de control para incorporarse a un procedimiento estandarizado de aproximación por instrumentos, mi compañero comenzó el descenso en un punto específico determinado por la distancia a una radiobaliza, el curso a seguir y el régimen de descenso. Todo esto debía

---

[21] Jerga aeronáutica que indica el trayecto de un sitio a otro.

respetar al pie de la letra para mantenerse dentro de los parámetros requeridos a fin de no correr peligro de colisionar con algún obstáculo sobre el terreno o bien con otra aeronave, dado que en ese momento la visibilidad era nula. Se realizaron todos los procedimientos estipulados por cartilla y comenzaron la maniobra.

De repente, para asombro y desconcierto de todos, a poco de haber ingresado al interior de las nubes una vibración acompañada de un sonido sordo comenzó a afectar toda la aeronave que, de manera progresiva, fue haciéndose cada vez más severa. Todo el helicóptero había comenzado a cargarse de hielo, pero lo más preocupante era el rotor principal, encargado de hacerlo volar gracias al impulso brindado por sendas turbinas.

Con el creciente aumento de peso y la gradual pérdida de sustentación por el cambio en el perfil aerodinámico de las cuatro palas que componían el rotor principal, comenzamos a descender casi en caída libre. Por consiguiente, el control mediante los comandos que se tenía del helicóptero también era reducido. Afuera se veía gris blanquecino y las gotas de agua corrían por la superficie de las ventillas hasta que se detenían al congelarse una encima de la otra. Entonces, cuando parecía que nada podía ir peor, el sistema eléctrico de la aeronave tuvo un fallo total por congelamiento y todos los sistemas y la instrumentación se apagaron. Solo las turbinas permanecían en funcionamiento en aquel momento.

Si antes estábamos supeditados a la información que brindaban los instrumentos, ahora nos encontrábamos completamente ciegos y sordos. En aquel momento, vi a mi compañero sosteniendo por un extremo la delgada cuerda que vinculaba su navaja de supervivencia al mono de vuelo. Había sido el último recurso que encontró a fin de que el instructor (quien para entonces había tomado el control de la aeronave) pudiese mantener el vuelo nivelado tomando como referencia la posición de la piola en el espacio. Ante esto pude experimentar de manera dramática en mi estómago lo sombrío que era el panorama.

Fue en aquel instante cuando supuse que se acabaría todo. Estaba seguro de que moriríamos, por lo que comencé a elevar una oración a Dios. Y alcanzada esa instancia de suprema conmoción, donde cualquiera consideraría que se apoderaría de uno un sentimiento de angustia y desesperación, yo experimenté una sensación por completo diferente. Me recliné en mi asiento, inspiré profundo y entonces sentí una paz que no sería capaz de explicar o describir con palabras.

Uno podría pensar que le vendría a la mente el automóvil recién comprado o que recordaría la casa que tanto esfuerzo había insumido pagarla o que me preocuparía mi trabajo. Sin embargo, no recordé las deudas que pudiera tener ni la enemistad con el vecino, o cosa semejante. El primer y único pensamiento que acudió a mi mente como un faro brillando en medio de la tempestad fue mi familia. En ese instante sentí un intenso gozo por haberlos conocido y mi pecho se estremeció al recordar cuánto había disfrutado de tantos momentos felices junto a ellos. Entonces rompí en llanto, pero no de temor o angustia, sino de una intensa emoción que invadió todo mi ser.

Alcanzada una altitud de unos tres mil pies (unos novecientos y algo de metros) abandonamos la formación nubosa por la parte inferior. A aquellas altitudes la temperatura era bastante superior, de unos cinco grados centígrados, con lo que el hielo que se había cargado en el rotor principal empezó a desprenderse. De este modo, pudimos comenzar a recuperar el control junto con la sustentación de la aeronave. Súbitamente, volvieron a encenderse todos los instrumentos electrónicos y se recuperó el control de la aeronave por completo, así como también se logró reestablecer la vital comunicación con el controlador de tráfico aéreo, quien a esas alturas llamaba insistentemente con claros indicios de preocupación en la voz.

Aterrizamos sin mayores inconvenientes, aunque todos estábamos aún pálidos y nadie se atrevía a pronunciar palabra. Lo único que recuerdo es que el instructor nos pidió que no hiciéramos mención del incidente hasta que retornáramos a la base de Armilla, de donde proveníamos, ubicada en la provincia de Granada.

Ahora bien, volviendo al tema de la familia, espero que hayan podido descubrir, así como yo lo hice de una manera indeleble, cómo no es tan solo una cuestión filosófica o una creación de poetas inspirados, sino que es realmente lo más importante para nosotros. Lejos está de ser un simple cliché o un concepto meramente romántico, es sin lugar a ninguna duda lo más valioso que nos llevaremos de este mundo.

Cap. 10 – Pasión, enamoramiento, amor

Se debe tener cuidado de no confundir estos tres términos a la hora de sentar las bases de un buen matrimonio, constituido por una plétora de salud. Repetidas veces tomamos las palabras a la ligera y perdemos de vista su significado más profundo, el cual nos puede ayudar a comprender mejor cada aspecto de la vida.

Por ejemplo, uno puede tener mucha pasión para odiar, y esto claramente no tiene nada que ver con el amor.

Definamos estos tres términos para comprender las diferencias y así reconocer su verdadero valor y utilidad. La pasión tiene más que ver con el fuego y sabemos que este elemento tiene como características distintivas hacer retroceder al frío, producir energía, hipnotizar la mirada y, por supuesto, sirve a su vez para que nuestros alimentos adquieran un sabor apetitoso. Pero es preciso señalar que también puede devorarlo todo hasta las raíces y, por ende, ser la causa de un completo desastre.

El enamoramiento, en cambio, puede llegar incluso a ahogar en cierta medida las llamas de la pasión, y, por otro lado, entorpecer la razón. Juglares y trovadores han legado crónicas de ello a través de sus cánticos y poemas. Así que, si le asignamos una comparación, aunque estar enamorados podría parecer lo más bello y deseable en el universo, yo diría que se asemeja más a la ceguera y al embotamiento, que a la percepción idílica que tiene todo el mundo de este trance repleto de obnubilación.

Pero no todo es negativo. Hay que puntualizar que la ceguera permite que otros sentidos se desarrollen de manera extraordinaria. Por ejemplo, una persona ciega tiene un oído mucho más sensible que una persona que no carece de la vista. Por extensión, si al amor que se ha entibiado por la rutina del discurrir de los años le administramos la cualidad que posee el enamoramiento de contemplarlo todo desde una perspectiva dichosa e idealizada, sería como hacerle una transfusión de sangre a una persona herida que se está desangrando.

Por último, abordaremos el concepto del amor. El amor viene a ser la consolidación del proceso (iniciado y potenciado por la pasión y patrocinado por el enamoramiento) por el cual dos individuos que quizá ni se conocían previamente, completamente distintos y plagados de defectos y debilidades, llegan a tomar la decisión de convivir juntos y para siempre ligados por sentimientos poderosos, al punto de terminar convirtiéndose en mejores amigos inseparables.

Jesucristo habló de esta manera a quienes le seguían: *'Este es mi mandamiento: Que os améis los unos a los otros, como yo os he amado '*[22]. Y en otra

---

[22] Juan 15:12.
https://www.churchofjesuschrist.org/study/scriptures/nt/john/15?lang=spa

ocasión también enseñó que el segundo mandamiento en importancia, de los cuales depende todo, es amar al prójimo como a uno mismo[23]. Esto te puede dar un atisbo de la importancia que tiene el verbo amar y más especialmente cuando se trata de tu esposa o esposo.

Debemos amar a nuestro cónyuge con toda nuestra mente, con toda nuestra energía, con todo nuestro corazón y toda nuestra alma. Debe ocupar el lugar central en nuestra vida. Si es mutuo, la salud de nuestro matrimonio será a toda prueba. Y casi podría asegurar que las pruebas se alternan con las buenas épocas en un ciclo que se extiende hasta el final de nuestra estadía sobre la tierra. Así que ciertamente las pruebas llegarán y, por ende, tu matrimonio necesitará estar saludable para poder enfrentarlas con brío y salir airoso de la liza.

El fraile Tomás de Aquino sentenció: *'El verdadero amor crece con las dificultades, el falso, se apaga. Por experiencia sabemos que, cuando soportamos pruebas difíciles por alguien a quien queremos, no se derrumba el amor, sino que crece'*.

Una vez pasado el enamoramiento, la persona comienza a ver al otro como un todo, de manera que ya no es solo lo físico y la superficie lo que considera, sino que lo demás también cuenta y paulatinamente comienza a observarlo de manera integral. Ya no pasa por alto ciertas cosas, sino que también las contempla con mayor detenimiento, y lo que una vez llamó su atención puede que ahora se torne irrelevante.

En este sentido, la personalidad irá adquiriendo un papel más preponderante a medida que madura la

---

[23] Mateo 22:39-40.
https://www.churchofjesuschrist.org/study/scriptures/nt/matt/22?lang=spa

relación; en tanto que la belleza física, en contraste, irá decayendo junto con el interés que suscitó durante etapas más tempranas.

Para amar a tu pareja debes abrirle tu corazón para que entre y se hospede allí. Y, por contraposición, procura blindar tu mente de influencias externas que puedan descarriar tu corazón de tu pareja. De esta manera, el amor se mantendrá incólume y, por transitiva, tu matrimonio se verá libre de respingos.

Cap. 11 – Amabilidad

La interacción con nuestro cónyuge debe ser en todo momento edificante e inspiradora. No podríamos aseverar que queremos tener un matrimonio saludable si hacemos lo opuesto a elevar, cuidar, fortalecer y alentar a nuestro compañero. Ser persuasivo siempre es un recurso excelente, pero se torna fundamental en situaciones difíciles. Nunca confundas amabilidad con debilidad y mucho menos brusquedad con fortaleza. Sé amable porque es una cualidad exclusiva de las personas poderosas y porque es la actitud adecuada. Si amas a tu pareja te nacerá serlo de manera natural.

Cada vez que me atreví a no ser amable, la vida misma se encargó de abofetearme para que despertara de mi estupidez. Tras mucho transitar por los caminos de esta vida acabarás dándote cuenta que es siempre la opción más viable y acertada.

Ser amable cuando otra persona te está hostigando es una demostración de enjundia en toda regla. Quizá lo más fácil cuando alguien te está denostando y amenazando es reaccionar instintivamente, manifestando si es posible una mayor agresividad que nuestro adversario, además de devolver el agravio con el doble de fuerza. No obstante, mi recomendación es que nunca escojas lo fácil sino lo difícil; por regla general es más valioso y redituable. Puede que si demuestras el talante de un verdadero gigante no solo consigas acallarlo, sino incluso logres terminar ganándote su respeto, además de fortalecer cualquier vínculo existente o naciente.

Bondad

Ser afables es una de las mejores formas de ser queridos. Nadie es monedita de oro para que lo quiera todo mundo, reza el dicho, pero si eres amable y bondadoso por lo menos nadie te odiará, salvo que sea por envidia. Si a esta cualidad le agregas la capacidad de ser emprendedor (nadie quiere hacer negocios con alguien que se estanca) y tener el don de compartir (tiempo, energía, emociones, sueños, etcétera), tu relación irá sobre ruedas.

¿Te encontrarías incómodo o de mala gana en compañía de alguien que manifestara todos estos atributos? Claro que no, ¿verdad? Pues, ejércelos tú para que tu pareja se sienta bien a tu lado y para que te corresponda de la misma forma. Es el equivalente a suministrarle vitaminas a tu relación. Te garantizo que tu matrimonio estará rebosante de vigor y lozanía, capaz de superar cualquier escollo.

La bondad tiende hacia todas aquellas virtudes positivas. La bondad desea perdonar, desea solucionar el problema y desea el bien al otro. Se alegra con los triunfos ajenos y también se entristece con sus penurias. Es compasiva, amorosa, humilde, y no se jacta de sus propios logros.

No todos tenemos esta enorme cualidad tan a flor de piel de manera que se manifieste franca y grácilmente a cada paso que demos. Mi esposa es un ejemplo de alguien que le nace de manera natural demostrar bondad hacia los demás. Ella llora con los que lloran, se aflige por los que están sufriendo y se alegra por el bien ajeno con absoluta espontaneidad y sencillez. Por supuesto, ella es uno de mis mayores referentes. Algunos debemos trabajar en este aspecto y ejercitar sus características con longanimidad hasta que logremos integrar gradualmente este atributo en nuestra forma de ser, aunque quizás al principio deba hacerse de manera algo forzada.

Generosidad

Si cada acción nuestra está enfocada a propiciar un ambiente ameno, difícilmente haya un entredicho o un sentimiento de malestar. Siempre puede haber un día en que las hormonas se hayan levantado por la mañana algo alborotadas o que problemas externos estén incidiendo en nuestro comportamiento cotidiano y, sobre todo, en el trato con nuestra pareja, pero, aunque no sea fácil, debemos procurar no dejarnos llevar por este tipo de cosas. Sé generoso en demostrarle que la o lo amas, prodigando sonrisas, caricias, abrazos, palabras cariñosas; en resumen, ternura a toda hora y en cada lugar. Nadie en su sano juicio responde a un gesto afectuoso con una cachetada.

Ser generoso también incluye dar de tu tiempo sin miramientos y de tus energías a manos llenas. Ya lo hemos mencionado, pero la generosidad está íntimamente relacionada con ser atento y no perder una oportunidad de brindarle ayuda a nuestro compañero, sin importar si es una gran labor o un pequeño detalle. También lleva implícito el estar dispuestos a sacrificar de nuestro tiempo reservado para otros asuntos en pos de demostrar nuestra buena voluntad y actitud servicial.

Comparte con tu pareja, sea de tu tiempo o de tus energías, ora tus anhelos, ora tus tristezas. Te aseguro que lo tendrá en gran estima. Invita a tu compañero a hacer cosas divertidas, a trazar proyectos, a soñar juntos, pero también a que te siga a tu zona vulnerable. Busquen ser socios y cómplices en todas las cosas. Propón maneras de ser más felices y escucha con suma atención las suyas. Todo esto forma parte de la generosidad, lo cual promueve la construcción de un vínculo especial para confluir en un matrimonio que posee luz propia.

Respeto

El concepto de respeto es muy amplio. Implica mucho más que rendir pleitesía. El término sugiere valorar la inteligencia de la otra persona. Reconocer los méritos del otro también es una demostración de respeto. Agradecer cada actitud de condescendencia, elogiar un gesto como que se tome el trabajo de cocinarte algo que te gusta, o que simplemente tenga la iniciativa de abrazarte con fuerza. Implica respetar los tiempos del otro, sus gustos, emociones y también sus días.

El respeto va de la mano de la admiración. Piensa que el hecho de que tu pareja haya tenido una idea brillante no tiene por qué hacerte sentir disminuido. Reconócelo y siéntete complacido de que tu pareja sea perspicaz y contribuya con su ingenio en la toma de decisiones y en la resolución de dilemas. Sé agradecido, no te imaginas los elementos que andan deambulando por ahí a los que no se les cae una idea partida por la mitad (es broma). La admiración es lo contrario a la crítica, tenlo en cuenta cuando te sientas impulsado o tentado a despotricar con vehemencia contra tu pareja y, sobre todo, si es hacia afuera, dando cabida a terceros.

El respeto requiere que seamos cuidadosos, observadores, delicados. Es gravitante en una relación de pareja. Está entrelazado con la consideración y el interés que manifestamos por el otro. Si la otra persona ha tenido un largo día y llega cansada y estresada, no la esperes con una bolsa repleta de problemas para volcarlos sobre ella como si fuese un contenedor de basura. Vendría mucho mejor un masaje, junto con un té de manzanilla y luego hacer los arreglos para ir a la cama temprano (a descansar).

Si vas por la calle y le haces una radiografía de cuerpo entero a alguien que pasa, ¿no esperarás que la reacción de tu pareja sea de lo más jovial y amena? ¿Verdad? Es una auténtica falta de respeto. A toda acción hay una reacción, y, en este sentido, las consecuencias no tardarán en llegar con tremendas repercusiones.

El respeto está asociado a la sutileza. Si hay algo que le desagrada a tu pareja evita hacerlo. Los gases estomacales han sido desde el comienzo de las relaciones humanas sobre la tierra la chispa que enciende una larga mecha que podría acabar en una dinamita. Sobre malos hábitos hablaremos más adelante con mayor detenimiento.

Jamás te permitas ser indiscreto con las intimidades de la pareja, por muy triviales que puedan parecerte. Esto sería traicionar la confianza de tu compañero depositada en el cofre de máxima seguridad que deberías ser tú. Debes cuidar sus espaldas. Siempre guarda en un sitial especial de tu interior el ferviente deseo de evitar defraudar a tu pareja. Esto también forma parte del respeto que le demostramos a nuestro cónyuge y, como tal, de un matrimonio saludable.

Cap. 12 – Empatía y comprensión

Ser sensible con los sentimientos de la pareja fomentará una relación de comprensión y estrechará los vínculos amorosos. Es el equivalente a abonar la tierra con cuidado donde hemos plantado el árbol que nos brindará la fruta más deliciosa. Apoyarlo en sus emprendimientos, sostenerlo en sus esfuerzos y ser un consejero de confianza forma parte de esto.

La empatía y consideración son dos formas de proceder que resultan cruciales para mantener un matrimonio en óptimas condiciones. Imagina que a tu pareja no le importase que tuvieses un problema o no se condoliera contigo por un pesar que estuvieras padeciendo. ¿Cómo te sentirías ante su frialdad? ¿Qué impresión te causaría? ¿Estarías satisfecho con su actitud? Hacer este ejercicio de ponerse en el lugar del otro puede ayudarnos a comprender la enorme importancia que radica en ser considerado con los demás.

Y esto aplica para los pequeños detalles también, porque a la larga la falta de miramiento y cortesía en aspectos que podrían parecer poco relevantes a primera vista, resultarán en una planta tóxica cuya raíz va hundiéndose cada vez más y ramificándose en la fertilidad que le brinda cada falta de gentileza. Un exabrupto puede pasarle a cualquiera y se olvida fácilmente, aun unos cuantos esporádicos, pero un cuarto de siglo y ni te digo medio siglo de asperezas y rispideces acumulará tanta tirantez y desasosiego que acabará provocando un terremoto colosal como resultado de la inevitable liberación de tensión. La perfección está en los detalles.

Sería una buena inversión adquirir ciertos gustos para complacer a tu cónyuge en una demostración de buena voluntad, pero esto no significa ir contra tu propia naturaleza. Incursiona en algún aspecto o práctica que fascina a tu pareja y podrías acabar disfrutando de algo que pensabas que nunca llegaría a gustarte.

Haz de tu hogar un lugar acogedor para que tu cónyuge desee permanecer en él. Debes poner a tu compañero en primer lugar. Si ambos lo hacen, ambos estarán ubicados allí en aquel lugar de privilegio juntos. En el matrimonio siempre debe existir un espíritu de correspondencia y acción mutua por el bien común.

Ninguna máquina puede funcionar un tiempo prolongado sin la requerida lubricación, de lo contrario el desgaste de las piezas que conforman el conjunto y que trabajan de manera estrecha se incrementará con rapidez a causa del exceso de fricción. Esto solo derivará en la pérdida del motor. Promueve que tu relación fluya lo más suave y delicadamente posible, y nunca cesará su correcto funcionamiento.

Cap. 13 – Lealtad

El ser más importante en este mundo para uno debería ser nuestro cónyuge. Muchos estarán discrepando a voz en cuello conmigo por hacer tal aseveración. Algunos me dirán que los hijos son lo más importante, otros que todavía no los han tenido aun pensarán que sus padres lo son, incluso habrá quienes afirmen que su mascota es lo más importante para ellos. Sin embargo, voy a proceder a explicar la razón de mi osada aseveración.

Y el motivo es muy sencillo, porque de nuestra relación conyugal depende lo siguiente más importante en nuestra vida (aunque la importancia es relativa y, en este caso, diferente por naturaleza): nuestros hijos. Si los papás están bien y son felices, los hijos están satisfechos. Estar orientados hacia nuestro cónyuge debería representar nuestra máxima prioridad a fin de que nuestros hijos disfruten de los resultados obtenidos. Todo el amor que puedan prodigarle los padres a sus hijos no menguará la aflicción que sientan si sus padres se han divorciado o si se maltratan constantemente ante ellos.

La lealtad se desprende de muchos comportamientos que ya hemos tratados en otros puntos como en el capítulo siete, en donde hablamos de las intenciones, la atención y mantenerse alejado de las distracciones. También es parte de proteger a la otra persona y respetarla. Porque todo tiene que ver con todo y es como una sola substancia. Solo que aquí vamos desgranando el colosal concepto del matrimonio para lograr entenderlo y luego estar en condiciones de poder aplicar los remedios caseros que crecen a requerimiento en nuestro patio para mantenerlo siempre fuerte y vital.

El compromiso forma parte de la lealtad hacia nuestro cónyuge y, en consecuencia, es una parte esencial de un matrimonio saludable. Nuestro compromiso hacia nuestra pareja debe ser inquebrantable. Hemos ido promoviendo que la palabra pierda su valor y, por ende, las promesas quedan olvidadas y se las lleva el primer viento que pase. La tendencia a borrar con el codo lo que hemos escrito con la mano va en acuciante aumento. No permitas que tus juramentos sean descartables, sino demuestra que tus votos son fieles y verdaderos. Tu honor está en juego, así como la suerte que le depara a tu matrimonio.

Habrás de aferrarte a la decisión de permanecer con tu pareja, lo cual no implica solo contar los años que transcurren cual si fuese un trofeo ganado en una competencia o como quien colecciona figuritas. También requiere sobre todo hacer de esa convivencia un verdadero deleite. Entonces los años pasarán sin que apenas te des cuenta y descubrirás que la lealtad nunca habrá sido un ítem difícil de lograr, sino que se habrá convertido en una reacción natural y espontánea. El compromiso es la decisión consciente de procurar hacer feliz a la otra persona. Y si disfrutas de ver feliz a tu pareja, entonces habrás conseguido el secreto de la felicidad.

El matrimonio es más como un proceso que un acontecimiento particular. Lo que engloba un esfuerzo constante, que edifique, y un trabajo dedicado y persistente en pos del otro. Esto requiere una diligencia y perseverancia que solo el tiempo puede poner a prueba y que solo tú puedes timonear contra viento y marea. Esto constituye la lealtad del más puro refinamiento, la cual tiene el poder de volver tu matrimonio una fortaleza inexpugnable.

Para lograr una estabilidad en esta institución como es el matrimonio, donde puede que haya experiencias pasadas de desengaño, tanto en relaciones anteriores como dentro del propio matrimonio, es imperioso poner toda la carne en el asador (como expresa el refrán) sin dejar que dichas experiencias negativas te afecten o influyan en el aquí y el ahora. Si quieres lograr el éxito deberás por fuerza invertir todas tus esperanzas, deseos y energías.

Parafraseando a Séneca, podríamos afirmar que, aunque el escepticismo suene muy convincente, siempre será mejor escuchar a la confianza.

Hay que saber separar circunstancias pasadas para ser objetivos con nuestro presente y la situación actual. Esto requiere de perdonar sinceramente y no recordar más las ofensas para solo de esta manera lograr reconstruir desde cero.

Cap. 14 – La gratitud

Imagina que planeas hacer algo muy especial por tu cónyuge con anticipación. Tienes una gran expectativa de que le encantará lo que vas a hacer. Compras todo lo necesario para poder realizarlo. Con mucho esfuerzo consigues hacerlo, pero consideras que valió la pena porque es una ofrenda para él o ella. Lo has hecho de todo corazón. Y cuando llega el momento tan esperado en que recibirá lo que has hecho, tu pareja lo observa y, como si nada hubiera ocurrido, continúa en lo suyo sin manifestar ningún tipo de reacción. ¿Cómo te sentirías? ¿Qué fue lo que faltó en esta historia para que tuviera un final feliz y acorde? ¿Cuál fue el detalle que impidió que toda la escena cerrara con broche de oro? Por supuesto que lo habrás descubierto rápidamente: el agradecimiento.

G. K. Chesterton escribió una vez *'que el agradecimiento es la forma más elevada del pensamiento*[24]. Y la falta de gratitud nos vuelve susceptibles de tener otro tipo de sentimientos más nocivos, de presentar otro tipo de actitudes más viles y,

---

[24] Una breve historia de Inglaterra, 1917.

por extensión, de cometer otro tipo de faltas mucho más graves. Nunca permitas que un pensamiento pernicioso ocupe el lugar que podría tener uno beneficioso o admirable, por caso extender un agradecimiento.

Agradecer es mucho más que tan solo pronunciar una o dos palabras. Es una parte fundamental de la reacción que deberíamos tener ante una buena acción, además de ser un indicativo de buena educación. Ni siquiera es suficiente decir gracias si la palabra no va acompañada de una actitud que condiga con su significado. De hecho, la gratitud es una de las actitudes más valiosas que una persona puede manifestar. Es señal de consideración por el esfuerzo del otro, de valorar lo que ha hecho, y, por supuesto, de respeto. Es una demostración de benevolencia y a su vez de dependencia. Es quizá por esta razón que muchas veces cuesta ser agradecido.

James E Faust expresó lo siguiente en cuanto a la gratitud: *'Un corazón agradecido es el principio de la grandeza. Es una expresión de humildad. Es el fundamento para que se desarrollen virtudes como la oración, la fe, la valentía, la alegría, la felicidad, el amor y el bienestar '*[25]. Yo le añadiría que es una manifestación de reconocimiento y estima que solo exhibe como un inestimable pendón la abundancia que llevamos dentro.

Sé agradecido en todo tiempo y en todo lugar, es algo que no resta, solo suma. Y dentro del ámbito de tu matrimonio es donde encontrarás el mayor número de oportunidades para demostrar agradecimiento. Si lo

---

[25] James E Faust - La gratitud: Un principio salvador, abril de 2024. https://www.churchofjesuschrist.org/study/general-conference/1990/04/gratitude-as-a-saving-principle?lang=spa#title1

haces te sentirás bien y contagiarás a tu pareja de ese sentimiento. Y te puedo asegurar que hay pocas cosas que resulten más vigorizantes para un matrimonio que una constante actitud mutua de gratitud.

Cap. 15 – Sentido del humor

El sentido del humor es una excelente herramienta para sobrellevar muchos momentos de la vida, por caso el tedio, las molestias, las desavenencias, entre otros. Es lo contrario a estar enojado todo el tiempo.

Dieter F. Uchtdorf advirtió lo siguiente: *'Si buscamos motivos para estar enojados los hallaremos'*[26]. Teniendo esto en mente, considera que conservar un buen sentido del humor es una cuestión de actitud, pero también de proponérselo.

Tener un buen sentido del humor es como poseer un dispensador de agua fría durante un viaje por las ardientes arenas del desierto. Refrescará todo nuestro ser y hará más llevadera la travesía cada vez que recurramos a él, tanto para ti como para tu compañero. Su mejor aplicación será en pos de hacer reír a tu pareja de manera espontánea y fresca.

Nunca faltará la ocasión en que necesitemos echar mano de un carácter que sepa afrontar las vicisitudes cotidianas y logre mitigar el ceño fruncido de una

---

[26] Un gozo más elevado - Conferencia general – abril de 2024. https://www.churchofjesuschrist.org/study/general-conference/2024/04/35uchtdorf?lang=spa#p37

situación álgida. Tener sentido del humor siempre es preferible a la hora de un encontronazo con nuestra pareja que ser de carácter demasiado circunspecto e incluso adusto en nuestro proceder. Revela una forma de ser más dúctil ante los embates de una discusión, por ejemplo. Es una virtud que, de ser utilizada con prudencia y moderación, puede aplacar la ira del otro e incluso la nuestra.

Ten cuidado de no pasarte de listo y llegar a colmar la paciencia de tu pareja. Tampoco son recomendables las bromas pesadas en ningún caso. Esto genera rápidamente las condiciones para que cualquier recipiente desborde y el contenido arrase con todo a su paso. El buen sentido del humor promueve un ambiente simpático y agradable, en cambio, el mal carácter suscita un escenario hostil y tenso.

Ten siempre una broma sutil o un chiste delicado para susurrarle al oído mientras aprovechas para acariciar su oreja con tus labios. Si lo haces tu matrimonio se verá fortalecido por los nutrientes que provienen de este fertilizante y riego tan necesario en tiempos de tanta incertidumbre y constante conmoción. La imagen que tendrá de ti será muy favorable. Imagina el estado de tu relación si te considerase que eres una persona amargada que se molesta por todo. Te estaría viendo de reojo todo el tiempo, list@ para salir corriendo en la primera ocasión pertinente.

Si tienes buen sentido del humor sentirá deseos de estar en tu compañía y esto es vital en una relación matrimonial.

Cap. 16 – Pulcritud

Seré claro y directo en este punto. Si por un lado hay un hermoso jardín en flor y por el otro un basurero apestoso, ¿por cuál de dichos sitios te inclinarías a visitar? Creo que no admite discusión, ¿verdad? Bueno, de la misma forma no tengo necesidad de decirte que debemos poseer los atributos de ese colorido y fragante jardín para que nuestra pareja esté a gusto y despreocupada a nuestro lado.

Ahora bien, la pulcritud no solo se trata de cuidar la higiene personal y estar en los pormenores, sino también incluye (y yo diría que con mayor importancia) cuidar la salud para mantenerse lo más hermoso y vigoroso posible para el compañero y también por el bien de uno mismo. El aspecto físico no lo es todo, de hecho, es una parte secundaria y subsidiaria dentro de la integridad de una persona, pero es importante a la hora de agradar al otro. Con esto no quiero que se me malinterprete considerándome una persona discriminatoria, solo planteo cuestiones a mejorar.

Si sufres de obesidad trabaja en ello, sobre todo por tu salud. No pienses que ya no hay nada que se pueda hacer, esto no es cierto. Es mucho más fácil exponer pretextos que esforzarse por conseguirlo. Adquiere el hábito de hacer ejercicio bajo la tutela de un profesional y si no puedes costeártelo, comienza por fortalecer tu cuerpo con lo que tengas a mano y mediante un concienzudo esfuerzo. Debes ser meticuloso con lo que comes y bebes. Hoy en día, en internet hay bibliotecas y videotecas enteras sobre cómo ejercitarte de manera segura y beneficiosa, así como de alimentarte en un modo saludable. No hay excusas.

No escatimes en verte y sentirte bien mientras no afectes de manera onerosa la economía familiar o el bienestar de tu pareja. Procura ser atractivo para tu compañero y una buena opción es mantenerse activo y adquirir hábitos beneficiosos. Los seres vivos se caracterizan por la movilidad, su capacidad de acción. La inmovilidad es sinónimo de muerte, determinada por un deterioro lento pero progresivo.

Puede que el alcohol sea considerado una bebida social y que no esté restringida por la ley, pero esto no significa que sea bueno para tu organismo. Para ser pulcro debes ser estricto en cómo tratas a tu propio cuerpo y tu mente. Si fumas no solo tendrás mal aliento, lo cual no es para nada agradable, también estarás exponiéndote innecesariamente a posibles secuelas. Por si fuera poco, estarás quemando el dinero que pertenece a la pareja, porque recuerda que deben ser uno y esto conlleva la responsabilidad de cuidar de todo aquello que comparten. Además, debes añadirle que estarás perjudicando considerablemente tu lozanía y fortaleza física. No pierdas de vista que si un día cayeras enfermo en cama será tu compañero quien tendrá que cuidarte y esto porque tú no lo hiciste preventivamente cuando pudiste.

Como decía, la pulcritud es un concepto muy vasto que incluye también ser detallista y cuidadosos en nuestros actos y palabras. Es sinónimo de ser delicados y dedicados. Exige mucho trabajo y disciplina como todo lo que tiene real valor en la vida. No puedes, por ejemplo, expulsar un sonoro eructo en presencia de tu cónyuge y pretender que esté fascinado contigo. No recuerdo haber hecho algo similar jamás ni volveré a hacerlo, pero si en algún momento lo hice de seguro mi esposa me habrá dado un buen y persuasivo escarmiento que permaneciese como un indeleble recordatorio.

El respeto, la consideración y las buenas costumbres van de la mano con esta virtud. No puedes preciarte de prolijo y a la vez permitir que tu casa yazca en un completo desorden o tu relacionamiento con los demás, incluyendo tu trabajo, sea un caos. Lo contrario a la pulcritud es la dejadez, la desidia, la suciedad y el ser maleducado y grosero. Si realmente te interesa tener un matrimonio saludable, créeme cuando te digo que debes esmerarte por evitar este tipo de rasgos, situaciones y hábitos tan perniciosos.

Ahora bien, al principio de este capítulo hablaba de que nuestro cónyuge se sienta despreocupado a nuestro lado. Pasaré a explicarlo. Si no somos estrictos con nosotros mismos, nuestro desaliño y desinterés nos llevará a incurrir en vicios que podrían hacer tambalear cualquier relación, sea por las condiciones muy nocivas que fomente o por el derroche de dinero que esto suele acarrear.

Si somos tan negligentes que podríamos llegar a ser capaces de decir una grosería en casa de unos amigos o emanar un flato en presencia de invitados, nuestra pareja podría estar en ascuas todo el tiempo que estemos compartiendo algún evento con personas ajenas a nuestro entorno familiar. Todo esto sería motivo más que suficiente para que nuestro compañero considere seriamente la posibilidad de desaparecer de nuestro lado en algún momento oportuno.

Vicios

Toda práctica, conducta o hábito que genere adicción y conduzca a excesos aún más nocivos, debe ser evitado como si se tratase de una peste mortal, para no atentar de manera directa o indirecta contra tu matrimonio y su continuidad, y ni que hablar de tu propia integridad. Este es un tema de mucho debate y de difícil acuerdo, dado que la persona que está bajo los efectos de un vicio se mantiene ceñida por fuertes cadenas invisibles que vienen a ser la adicción originada por el hábito al que la persona se ha asido y a la vez sometido de manera voluntaria. Por ende, tratar de disuadir a alguien en cuanto a un vicio es en principio como intentar que cambie de opinión en algo que está convencido y que desea que así sea. Asimismo, nunca se podría obligarlo a que desista de su conducta autodestructiva dado que es su albedrío y como siempre repetimos, todos tenemos una libertad inalienable de elección.

Cuando hablamos de vicios, lo primero que quizá se nos venga a la mente sean las drogas fuertes como la heroína o peor aún, la pasta base o alguna otra droga residual. Tal vez si te pido que pienses en otras opciones también menciones el alcohol o el tabaco. También podríamos agregarle la automedicación por la necesidad de sentirse seguros ante cualquier posible enfermedad.

Aquí estamos refiriéndonos a adicciones a sustancias. Sin embargo, no tenemos en cuenta que el espectro en este sentido es muy amplio y variado. Incluye también las adicciones conductuales. Estas van desde el juego (ludopatía), las apuestas, y el trabajo, hasta la pornografía y el sexo, entre otras. Y para redondear, también encontramos los trastornos compulsivos como la mitomanía, la cleptomanía o la piromanía, solo por nombrar algunos.

Lo primero que debemos decir en cuanto a esto es que lo deseable siempre será trabajar incansablemente y de manera resuelta en la prevención, antes que nada, para evitarlos a toda costa. Una vez que has introducido una adicción a tu vida, será muy difícil de erradicar. Si saltas al vacío el impacto será inevitable, aunque el daño ocasionado dependerá de la altura que hayas caído.

Después que tu cerebro ha experimentado las sensaciones que genera el vicio en cuestión, se desencadena un mecanismo de adicción en el que prima el deseo de volver a percibir lo que genera dicha adicción por sobre las consecuencias resultantes, sin importar la gravedad de las mismas. Este mecanismo autoinducido es tan potente que marcará un antes y un después en tu vida, colocándote en una posición crítica de extrema vulnerabilidad en la que siempre estarás propenso a recaer pese a todo tu esfuerzo. Esto no quiere decir que no tengas posibilidades de rehabilitación y de que no puedas evitar incurrir en la adicción nunca más, pero es preciso tenerlo bien presente.

No obstante, simplemente la sensación permanecerá latente por el recuerdo de lo vivido. El deseo de volver a experimentarlo siempre estará presente y la tentación se presentará ante ti una y otra vez por el resto de tu existencia. He conocido casos de personas que han pasado toda su vida luchando contra este flagelo, rehabilitándose y volviendo a recaer indefinidamente.

Esta aseveración no es de corte pesimista o derrotista, que deje sin esperanzas al individuo, sino más bien es con la intención de mostrar sin equívocos la cruda realidad. Busca la concientización de lo trágico que puede ser y de lo crucial que resulta la prevención, en cualquier caso.

Ahora bien, una vez que estás sujeto fuertemente por la adicción, los problemas sobran y las soluciones nunca son suficientes. Hay casos en que la persona llega a robar para solventarse el vicio, o incluso puede hacer otras cosas aún más denigrantes para conseguirlo. Las mentiras campean por todos lados. El ocultamiento es moneda corriente. La autoestima pierde el sentido y el sujeto se encuentra expuesto a hacer cualquier cosa por satisfacer sus necesidades. Luego se genera un ciclo en el que el sujeto se arrepiente momentáneamente y da algunos manotazos de ahogado, pero que distan mucho de convertirse en una solución permanente. Pero a continuación vuelve la necesidad imperiosa de sumergirse en el vicio nuevamente y con mayor fuerza y profundidad, entonces corre a hacerlo. Esto trae aparejado la consecuente vergüenza y remordimiento, y la pérdida de esperanza, lo que se volverá recurrente y enfermizo.

Y este círculo vicioso se repetirá una y otra vez por un tiempo muy prolongado, quizás hasta el final. Un tiempo interminable para los que lo rodean, quienes son testigos de su ruina mientras contemplan cómo va autodestruyéndose en lenta agonía. No querrás entrar dentro de ese patrón de conducta autodestructivo del cual pocos son los que consiguen escapar con vida.

Luego de esta descripción representativa de los vicios, ¿crees que tu matrimonio podría siquiera funcionar, aunque fuera en las más precarias condiciones? Es sin dudas que, si no se efectúa un cambio radical y decisivo, se acabará aceleradamente. Así que mi recomendación en este asunto es mantener cualquier vicio por inofensivo que parezca lo más alejado de tu vida posible.

Aquí les dejo un artículo muy interesante para que puedan interiorizarse más al respecto y ayudarlos a decidir si necesitan buscar ayuda profesional[27]. Existen innumerables vicios, cuál de ellos más adictivo, pero también existen muchísimos organismos y organizaciones benéficas que se especializan en ayudar a las personas que sufren bajo el terrible peso de sus efectos y consecuencias. Asimismo, si comienzas a tomar las riendas de tu vida y vas obteniendo paulatinamente el control de tus acciones, no tengas dudas de que podrás contar con el apoyo, la comprensión, la ayuda y contención y el amor de tu compañero, y todos tus seres queridos y amigos. Siempre valdrá la pena cualquier esfuerzo por superarlo.

Malos hábitos

A veces podemos mantener viejas costumbres que en realidad son malos hábitos. Debes ser meticuloso y estricto en el escrutinio. Me acuerdo que tuve solo un

---

[27] https://definicion.com/vicio/

evento en el que me atreví a hacer algo que solía hacer cuando era soltero y ya podrán imaginar cómo resultó todo. Les aseguro que mi esposa se encargó de darme un correctivo del que nunca me olvidase (es broma). Puede que haya ocasiones en las que otros nos ayuden a ver los malos hábitos que arrastramos desde tiempos remotos. Lo más difícil es darnos cuenta de su existencia, dado que le restamos tanta importancia que llegan a pasar desapercibidos. Así que aprovecha esta ayuda en detectarlos y acepta la recomendación de buena gana o a la siguiente podría ser mucho peor.

Hemos abordado someramente uno de los retos más difíciles de sortear para un matrimonio como lo son los vicios con el propósito de instar a evadirlos por todos los medios disponibles. Ahora hablaremos de un asunto no tan grave, pero no por ello debe ser tomado a la ligera o subestimarse en lo más mínimo. Los malos hábitos, a la larga, pueden ser igual de destructivos si se somete la relación a sus perjuicios el tiempo necesario.

Hace poco leí una noticia absolutamente inesperada para cualquiera. Resulta que la casa de un hombre que vive en el campo se derrumbó por completo sin que se encontrara una explicación plausible a primera vista. La causa o, debo decir, el responsable: un tatú, un animalito de la familia de los armadillos, pero un poco más grande. Lo que ocurrió fue que el animal comenzó a cavar cuevas y túneles que se comunicaban entre sí por debajo de la vivienda al extremo que todo el suelo se volvió tan endeble que concluyó por desmoronarse y junto a él colapsó también la edificación entera. Aclaro, esta historia es completamente verídica.

La moraleja radica en que un hábito desagradable o repulsivo puede ir horadando poco a poco el terreno sobre el cual se asienta nuestra relación. Tal vez la superficie dé la apariencia de encontrarse indemne, pero podría llegar un punto en que el desgaste continuo acabe echando por tierra todo lo que has construido hasta este momento. No pienses que solo por un engaño se puede acabar tu matrimonio, hay muchas otras cosas que lo pueden llevar a terminar en una situación tan agónica que sería preferible sacrificarlo a verlo sufrir de esa manera.

Si tienes la costumbre de hacer cosas que no te parecen tan malas o perjudiciales, pero que tu pareja detesta o al menos te hace saber con insistencia lo mucho que le molesta, detente en el acto, pide disculpas y no vuelvas a hacerlo nunca más. Será como extirparle un tumor maligno a tu matrimonio. A partir de ese momento su esperanza de vida se disparará exponencialmente. De lo contrario, puede que un día estés regresando a tu hogar y ya no se encuentre allí donde lo dejaste, sino que se haya convertido en un montón de despojos.

Actitudes indeseables

Es importante que te cuestiones para tus adentros, que analices tu comportamiento, que ponderes tu carácter. Solo siendo francamente autocrítico y escuchando las sugerencias y observaciones en cuanto a ti de las demás personas (por lo general los padres) podrás detectar aspectos indeseables, asumirlos y comenzar el proceso correctivo. Cuando tienes las uñas largas debes cortártelas, ¿no es cierto? Y aun te las puedes limar para embellecerlas y dejarlas más suaves todavía.

No creas que es tan fácil advertir este tipo de cosas. La mayoría de las veces será un amigo o allegado que con la mejor de las intenciones te prevenga de una actitud que ni siquiera habías notado en ti. Esta acción es digna de agradecimiento pues te evitará muchos inconvenientes. No seas petulante y acepta su observación. Quien observa desde fuera, siempre lo ve con mayor claridad.

Las medidas que tomemos siempre irán a contracorriente de lo que somos hasta ese momento y, por ende, conllevará un sacrificio y tendrá su resistencia, pero te garantizo que habrá valido el esfuerzo. Siempre que recortas tu cabello te sientes raro al verte al espejo o incluso incómodo por un tiempo, pero, si se hace bien, todos lo notan y te halagan por el cambio. No temas ir a la peluquería.

Recuerda, siempre serás libre de hacer de manera voluntaria aquello que te han aconsejado que no hicieras, pero no podrás decir luego de la debacle que no te lo advirtieron con el suficiente ahínco. Para ir de menos a más, para que tu relación sea cada vez mejor, debes aceptar que es imprescindible ir puliéndote a ti mismo con el paso del tiempo como el diamante necesita ser pulido para brillar más y que pueda convertirse en una joya de gran valor. Debes estar abocado a esa tarea mediante un trabajo constante y minucioso. Créeme, no hay otra manera.

Cap. 17 – Enamóral@ cada día

Conquístal@ en cada oportunidad, enamóral@ cada día. De lo contrario, no solo tu pareja podría perder el interés, sino que tú mismo quedarías expuesto a caer en los pegajosos tentáculos de la indiferencia o la apatía.

Si ves que está haciendo alguna tarea, ofrécete a ayudar. Hacerlo demuestra consideración y sentido del buen compañerismo, el no hacerlo podría ser mal visto y despertar suspicacias. Podría representar una situación proclive a que estalle una discusión. Haz lo que esperarías del otro. En definitiva, esto es el trabajo en equipo por excelencia.

Las sorpresas agradables y de buen gusto siempre son bienvenidas y ayudan a combatir la monotonía y a romper con la rutina que se genera con el devenir de los años. Las flores y los chocolates (o una caña de pescar) usualmente funcionan, pero si sufre de alergia o está cuidando su figura (o no le gusta ir de pesca), siempre puedes probar con otra cosa. Usa tu ingenio y busca ser innovador.

Luego están las inversiones esporádicas de mayor cuantía. Por ejemplo, salir a comer a algún restaurante, ir a un parque de diversiones o incluso programar un viaje con todo incluido. Puedes preparar una mesa con el mejor mantel y la vajilla nueva en el patio trasero, pero que no se te haga costumbre y se vuelva una regla que no respete ni siquiera un día lluvioso. Mucho menos si es tendiente a alardear y atribuirte el crédito de que sueles sacar a tu pareja a comer afuera. ☺

Muchos consideran que es un derroche de dinero, pero ahora yo te pregunto, si tu matrimonio es lo más importante para ti, ¿no estarías dispuesto a hacer una inversión en tus intereses? Es lo que haría cualquier empresario suficientemente lúcido con su negocio, apartar recursos para fortalecerlo.

Dale cosas buenas que le recuerden a ti, momentos inolvidables, situaciones graciosas, sorpresas agradables, de lo contrario nunca podrás culpar a tu pareja de haberte dejado por ser un miserable tacaño. Si deseas que dibuje en el lienzo de su corazón un bosquejo gracioso y colorido de ti, te recomiendo que le brindes muchos lápices en una amplia gama de colores.

No le des excusa para que te repudie y acabe enamorándose de otra persona. Siempre será más ventajoso y preferible ser la víctima que ser el victimario, aunque te hayan contado lo contrario. Si te vuelves odioso, después no tendrás derecho a reclamaciones. Mi consejo es que seas amoroso/a y que repares siempre en los detalles.

Tiempo libre y diversión

Consideré oportuno hacer un apartado específico dentro de este punto, dado que no podrás enamorarla o enamorarlo sin propiciar la oportunidad de reconfortarse mediante esparcimiento que los implique a ambos y juntos. Buscar entretenimiento donde puedan disfrutar como pareja brinda momentos que se fijarán en la memoria de ambos como un recuerdo favorito. Esto fortalecerá los vínculos y creará lazos afectivos que se entretejerán junto a brillantes fibras de colores que con el tiempo se verán en tonalidades sepia que evocarán a la nostalgia. Y las reminiscencias de este tipo son como la brisa de una mañana soleada de abril o la lluvia fresca de un día veraniego.

Pero ten presente que es preciso que exista una oposición en todas las cosas[28]. Porque si nunca probases lo amargo, no podrías estimar lo dulce[29]. De manera que lo que realmente te hará recordar con añoranza los tiempos dichosos serán los difíciles, los que estés deseando que pasen. Esto te muestra que no solo es inviable pretender vivir de fiesta y parranda todo el tiempo, sino por completo contraproducente. Llegará un día en que acabará perdiendo la gracia.

Se pueden hacer grandes inversiones de tiempo y dinero en un esfuerzo por conseguir un momento único, como por ejemplo tomarse unas fantásticas vacaciones en alguna playa paradisíaca. No cabe duda que un viaje de tal envergadura siempre marcará un hito en la vida de cualquier pareja. Sin embargo, quiero hacer una reflexión en este punto. El dinero no es el único medio de conseguirlo, ni siquiera el más importante. Vivimos en un mundo que no para, en una época de inmediatez

---

[28] 2 Nefi 2:11.
https://www.churchofjesuschrist.org/study/scriptures/bofm/2-ne/2?lang=spa
[29] Doctrina y convenios 29:39.
https://www.churchofjesuschrist.org/study/scriptures/dc-testament/dc/29?lang=spa&id=39#p39

y frenesí, donde el consumismo es más apreciado que obtener las cosas más excelentes de la vida, las cuales son intangibles. En tales circunstancias, saber hallar solaz en las pequeñas cosas, en los momentos sencillos, es primordial.

Procura cambiar tu respiración agitada por hondos suspiros, detente a observar a tu alrededor y admira las maravillas que te circundan. Disfruta de la calidez y seguridad que sientes al hacer cucharita con tu pareja (esto no tiene precio). No solo la o lo lleves de la mano por costumbre, sino siente su mano al tomarla. Acaricia a tu cónyuge para que sienta tu intención de hacerle una caricia y no tan solo por cumplir con una costumbre que arrastras desde que eran novios. Recuerda, las cosas bellas (incluidos los momentos) no necesitan llamar la atención.

No solo míral@ a los ojos, sino busca profundizar hasta alcanzar su alma. Acompaña tus acciones más simples con una sonrisa y estarás embelleciendo tu rostro con el más grandioso adorno que posee el ser humano. Mantengan conversaciones interesantes que los vuelva cómplices y amigos inseparables. No permitan que las pantallas de sus dispositivos electrónicos, los cuales abundan en esta época, se interpongan entre sus mutuas miradas, sus palabras, sus abrazos y besos, cual barrotes de cristal. Si permiten que los atrape el entretenimiento virtual como ser las redes sociales, los videojuegos o las series de televisión, se volverán prisioneros perpetuos y ni siquiera se habrán dado cuenta.

Puede que hayas logrado la capacidad de disfrutar de las pequeñas cosas y los momentos sencillos (pero que a la vez son grandes), sin embargo, esto no te asegura que tu pareja lo haya logrado. Así que, ayúdale a apreciar los detalles, invítalo a descubrir los tesoros escondidos por todas partes, condúcelo por el sendero que lleva al arcoíris y entonces todo resplandecerá, hasta que de nuevo lleguen las tormentas. Entonces ambos ya sabrán que existe el premio luego de haber pasado la prueba con paciencia.

Si hacen esto, el tiempo libre que tengan desearán aprovecharlo para estar con quien disfrutan tanto compartir cada instante. Verán que un paseo por el jardín puede volverse muy especial. Invítal@ en vuestros tiempos libres a hacer cosas sencillas pero agradables juntos, y en un futuro serán como perlas de gran valor en tu baúl de los recuerdos que podrás utilizarlas cuando una situación tensa o amarga lo amerite. Entonces, al sacarla a relucir, tu pareja quedará tan embelesada con su belleza que olvidará el motivo por el cual discutían o estaban enojados.

Cap. 18 – Protección, cariño y ternura

Ya ni siquiera en las películas que llevan el rótulo de románticas se pueden ver demostraciones de ternura fidedignas. Vende más la lujuria, la ironía o la violencia que lo apacible, delicado y entrañable. Ser tierno es clave en un matrimonio. La falta de ternura en el matrimonio es igual a la falta de colágeno en el cuerpo. Pronto todas sus articulaciones, huesos y tendones que sostienen la estructura bien firme y unida comenzarán a deteriorarse hasta que acabe colapsando y viniéndose abajo.

La ternura distingue al matrimonio de la mayoría de relaciones interpersonales. Pero desde un extremo, donde se ubica la apatía y la rudeza, al otro donde se haya la obsesión y la actitud posesiva del individuo hacia el otro, debemos buscar un término intermedio y equilibrado. Ten presente que caminan juntos, tomados de la mano. Ni adelante ni atrás, lado a lado, sin ejercer dominio de ningún tipo.

El matrimonio más que un acontecimiento único o una secuencia de eventos, se parece más a un proceso que necesita muchos ingredientes esenciales como el cariño, genuino interés y tolerancia comprensiva. Lo mejor de todo es que este proceso puede ser muy divertido y apetecible, siempre dependiendo de nuestra actitud y el valor que le asignemos. Sin duda, vale la pena intentarlo. No te guardes nada si se trata de amor y bondad, como si de ello dependiera toda tu descendencia, y de hecho depende de tu entrega, dedicación y constancia.

Cuidar del otro es una demostración de amor muy clara. A su vez, en sentido figurado, incluye amurallar tu matrimonio de peligros externos. Como dije antes, debes cuidar sus espaldas, debes preservar intacta su confianza, debes mantener bien alejados aquellos elementos filosos de los delicados hilos que sujetan vuestro vínculo. Un niño que está feliz con su globo relleno de helio no se adentraría en un enmarañado jardín repleto de rosas espinosas.

Ser diligente en tu rol dentro del matrimonio es parte de brindar protección y velar por el otro. Ser buen compañero implica ofrecerse a ayudar, aunque no tengas ganas ni te guste lo que vas a hacer. Debes erigirte como una ayuda efectiva para tu pareja y así también te convertirás en su referente constante. Sé expeditivo en todo momento porque la vida exige que estemos haciendo cosas incesantemente. Es preferible ser comedido a estar poco dispuesto a cooperar. En acciones como la abnegación y la entrega también se demuestra interés y cariño. Si quieres ser intrépido, esta es una buena forma y un buen momento para comenzar.

Consolar y dar cobijo en un momento de tristeza o dolor es tan importante como cuidar un árbol del fuego. Si estás dispuesto a un acto tan banal como cubrir tu automóvil del granizo, no deberías dudar en entregarte a curar las heridas del ser amado. Esta es una demostración de protección por excelencia. Ten en cuenta que dichas heridas podrían haber sido infringidas por ti mismo. Aquí es cuando más debes esmerarte y demostrar abnegación.

Todos somos diferentes y dependiendo de múltiples factores, podrás tener mayor o menor necesidad de cariño, pero si a tu pareja no le disgusta, las demostraciones de afecto que prodigues difícilmente sean rechazadas o mal recibidas.

Cuenta una historia que una oveja se perdió en el campo y luego de mucho tiempo sin ser esquilada, llegó a tener tanta lana que cuando los lobos intentaron comérsela no pudieron infringirle heridas graves. Simplemente contaba con un escudo que impedía que pudieran comérsela. Así que, con mi esposa aprendimos de esta fábula que cuanto más esponjositos seamos, más protegidos estaremos.

Sé inteligente y aprovecha tu tiempo a su lado para brindarle una instancia de calidad. No lo derroches en videojuegos o en TikTok, haciendo el papel de tonto o tonta. Nada de esto te retribuirá en absoluto. Si un día no la o lo tuvieses te arrepentirás de haber desperdiciado el tiempo en puerilidades. Pero ten cuidado, que esté resuelt@ a amarte no implica que seas tan bell@ como te hace sentir. Así que no te la creas, sino valora su amor hacia ti. Puede que su amor contenga grandes dosis de caridad.

Admíral@. No serás menos por hacerlo. Por el contrario, demostrarás el nivel de persona que tienes. Recibir un elogio es algo que a todo mundo agrada, a ti también. De manera que, no seas parco al momento de extender halagos al otro y celebrar sus triunfos, porque también son tus triunfos. Esto me lleva a otro punto, trácense metas fijadas en consejo familiar y luego trabajen activamente en la consecución de sus objetivos. En esta línea, deben llevar cursos convergentes para unir fuerzas en algún punto y de esta manera se potencien. Es decir, deben buscar lograr un consenso a través de la argumentación, la reflexión y el diálogo persuasivo, puesto que, de otra manera, toda empresa iniciada o propósito planteado se diluirá entre encontronazos, contratiempos y desencantos. Aprendan a trabajar en equipo, porque es lo que deberían de ser.

Por otro lado, no pienses que alguien que apareció de repente en tu vida sería mejor partido. Recuerda que toda escoba nueva barre bien, pero nada te garantizará que no sea la peor inversión de tu vida que pronto zozobre en un estrepitoso fracaso. Más vale lo bueno que ya has corroborado, que las expectativas por conocer. Si lo haces una vez es probable que luego seas cual colibrí que revolotea por todos los jardines sin encontrar reposo. Créeme cuando te digo que esta conducta es improductiva y vacía, y no conlleva satisfacción alguna. Te aseguro que toda etapa de la vida que se dilata acaba por desplazar a otras y truncar las posteriores. No te pierdas las mejores etapas de la vida por engolosinarte con otras que al fin y al cabo son puro espejismo. No luches por algo que es transitorio.

Si l@ desdeñas por motivos vanos te aseguro que más temprano que tarde te arrepentirás, pero ya será demasiado tarde. No podrás desandar el camino recorrido puesto que te habrás ganado a un enemigo. Sobreponte a tus bajos instintos y a tu comportamiento mezquino y será como lavarte los ojos para deshacerte de todo el lodo que los cubren. Entonces podrás ver con total claridad el enorme tesoro que brilla en su persona.

A ti esposa, ten en cuenta que tu mejor amigo no es una de tus amigas que le gusta las cosas de mujeres. Puede que deban hacerse sus espacios y tal vez sea prudente administrar ciertas actividades para evitar coincidencias incómodas. Ambos deberían intentar adaptarse en beneficio de su matrimonio y por amor al otro.

A ti esposo, te digo, no te confundas. Debes tratar de que sea tu mejor amiga, pero no significa que sea uno de tus amigotes. Por consiguiente, sé capaz de distinguir la enorme diferencia. No olvides que ella sigue siendo una dama, la reina que gobierna junto a ti.

Cap. 19 – Ceder

En lo que concierne al amor, el material que debes elegir para comenzar a levantar la estructura que contendrá el resto de tu vida no es el más duro sino el más suave, flexible y delicado que puedas encontrar. Y transigir es la primera de las recomendaciones. Es como el cemento sobre el que sentarás cada ladrillo del día a día. Ceder es tan esencial en el matrimonio como el oxígeno para nuestra vida; no obstante, no significa que no tengamos derecho a argumentar si es necesario. Hay una diferencia muy importante entre tener la intuición de ceder en el momento adecuado y mantener una actitud obsecuente.

Cada uno tiene su punto de vista y es indispensable que lo exponga a fin de enriquecer la relación. De esa forma es como se aprende juntos. Pero en este sutil juego de ajedrez donde se debe buscar que todos salgan ganando y por lo tanto que no haya perdedores, se debe tener mucho cuidado de no acabar siendo un porfiado en toda regla al punto de llegar al colmo.

En este sentido hay que buscar ser inteligente, y, sin embargo, evitar a toda costa no volverse mañoso. Es decir, hay que saber retroceder para luego avanzar. Es como bailar un elegante vals dejando que fluya en un perspicaz giro tras otro. Un grácil tire y afloje que lleve a un punto intermedio de acuerdo entre los bandos enfrentados, que a su vez deben ser aliados solidariamente fusionados.

Rusell M. Nelson enseñó lo siguiente: *'La armonía en el matrimonio viene solo cuando uno considera el bienestar de su esposo o esposa entre las más altas prioridades. Cuando eso realmente sucede, trae gran gozo en esta vida'*[30]. Ese es el orden correcto que debemos seguir.

Un consejo en este apartado, que más que consejo yo llamaría súplica, es que a la hora de un entredicho o incluso una discusión no seas obstinado. Tener la tozudez de un asno es comparable a abrir una puerta con un ariete, podrás pasar a través de ella, pero la abertura quedará hecha añicos. Piensa en cómo te verá tu pareja. Es probable que te considere caprichoso/a, un/a verdadero/a cabeza dura con quien no se puede razonar y que acabe dándote la razón únicamente porque concluya que no tiene sentido intentar hacerte entrar en razón. No es lo más agradable o deseable ser visto de esa forma.

Te brindaré otra comparación para ilustrar lo que quiero decirte. Una relación que se estira como un elástico recorre mayor espacio por la amplitud de su elasticidad, lo que se puede equiparar a considerar un número más elevado de posibilidades y abarcar así más opciones. No obstante, si la relación es tan rígida como una columna de hormigón (de esas que vemos en el

---

[30] El matrimonio celestial – Liahona, octubre de 2008. https://www.churchofjesuschrist.org/study/general-conference/2008/10/celestial-marriage?lang=spa#p26

alumbrado público) resistirá en su posición ante las inclemencias, sin ceder un ápice, hasta que ya no aguante más y se parta en mil pedazos. En la vida de pareja es igual, si no admites un fallo, no resignas un solo argumento, si nunca te doblegas ante las razones del otro por muy evidentes que se presenten, estarás intentando erróneamente demostrar que eres perfecto, que no te equivocas, y que eres dueño de la verdad. Te aseguro que no hay posibilidad de que esto sea ni por asomo cierto.

El aclamado filósofo griego Sócrates razonó lo que sigue: *'La gente inteligente aprende de todo y de todos, la gente promedio aprende de sus experiencias y la gente estúpida ya tiene todas las respuestas'*.

Pactar con mesura muchas veces es necesario en bien de un acercamiento que pueda acarrear muy buenos dividendos para ambos. Desistir de creer que siempre tendremos la razón es imprescindible para que la otra persona no se harte de nosotros. Debemos transigir para que haya comunicación efectiva. Por el contrario, si buscamos en todo momento someter al otro, lo que ocurrirá será que estaremos levantando un muro infranqueable entre ambas partes. Y estando uno de cada lado de esa barrera impenetrable, acabarán yéndose cada uno por su lado. Si no le damos indicios de la sola posibilidad de que alguna vez admitamos que tiene la razón, si no hay atisbos de que claudiquemos en algún momento, al final se cansará, optará por rendirse y terminará emprendiendo la retirada ante un enfrentamiento perdido de antemano.

Ceder siempre, aunque no sea más que un solo paso, es tan bueno que una vez que lo pongas en práctica tendrás que ponerte límites para no terminar asintiendo a cada problema que se presente (¡cuidado! esto puede resultar engañosamente cómodo), ya que irse a los extremos nunca es recomendable. Puede que acabes delegando en el otro la obligación en la toma de decisiones y, por extensión, cediéndole toda la responsabilidad por los resultados obtenidos.

No quiero, al decir esto, adjudicarme la posesión de la verdad absoluta. Solo pretendo establecer un mojón en torno al cual discutir diferentes opciones y que cada quien lo analice desde su punto de vista. Tómalo como una conversación entre amigos de la cual deberían surgir las mejores opciones y que todos salieran ganando.

La mejor forma de ceder de manera adecuada, casi de manual diría yo, es considerar con mucho detenimiento los fundamentos expuestos por nuestra pareja y ser realmente objetivos e imparciales al compararlos con los nuestros, de manera que si tenemos la suficiente lucidez como para reconocer que estamos equivocados aunque sea en una pequeña porción del asunto, tomemos al amor de nuestra vida por los cachetes y luego de propinarle un beso de telenovela, admitir con una amplia sonrisa en el rostro que tiene razón, al menos en parte. El resto se puede discutir con más tranquilidad más tarde en compañía de algún apetitoso tentempié preparado por ti mismo.

Cap. 20 – Refrenarse y reflexionar

Ante un desacuerdo o cruce de argumentos lo ideal sería mantener la calma y no perder el control ni la compostura. Pero al menos serviría una reacción proporcionada y una respuesta inteligente, no erupcionar como un volcán arrojando material piroclástico que arrase con todo. Ante una acción siempre hay una reacción, aunque en el caso de los seres humanos racionales no tiene por qué ser igual y opuesta. Reaccionar es inevitable, sin importar el contexto. Puede que reaccionemos con una sonrisa a un elogio o con un suspiro a un perfume agradable, pero también con un golpe de puño a un simple insulto. La cuestión no es si reaccionaremos, sino la forma en que lo haremos.

Dada Lekhraj Kripalani dijo lo siguiente en relación a esto: *'Cuando mis pensamientos se atropellan aplico un freno poderoso. Voy a las profundidades del ser y me estabilizo. En mi interior hay un inmenso océano de paz, de quietud, de silencio. Respiro. Me renuevo y vuelvo a la acción'*.

Ante una discusión se debe dilucidar si es cuestión de diferencia de perspectivas o un completo error de percepción de una o ambas partes. Acto seguido, habrá que aplicar un freno eficaz orientado a lograr una atmósfera tan apacible como sea posible. La prepotencia y el abuso, en cualquier sentido, nunca deben existir.

Quizá te parezcan demasiado idealistas o inalcanzables todos estos principios y consejos, y admito que no es para nada sencillo llevarlos a la práctica y más aún intentar combinarlos, pero el hecho de que ningún matrimonio sea perfecto no refuta su veracidad. Todo es cuestión de práctica y esmero. Nadie podría hacer cincuenta flexiones de brazos sin haber entrenado antes.

Cuando las peripecias de la vida los pongan a prueba como equipo es cuando más unidos deben estar (esto incluye ponerse de acuerdo) y más conscientes de que deben resistir. Y parte de la estrategia es siempre tener presente esto o al menos recordarlo en el momento oportuno. Recuerda que no importa el diploma si no sabes aplicar lo que te llevó a obtenerlo.

Se puede comprender, pero solo hasta cierta medida la dinámica interpersonal. Aunque el trato entre los seres humanos sería imposible de resumir o abarcar en manera alguna. Para esto hay que echar mano a la intuición, la experiencia y el buen tino.

Mi Maestro de cabecera sentenció hace unos dos mil años atrás: *'He aquí, esta no es mi doctrina, agitar con ira el corazón de los hombres, el uno contra el otro; antes bien mi doctrina es esta, que se acaben tales cosas'*[31]. Hay sabiduría en saber escuchar al hombre más sabio que puso la planta de su pie sobre esta tierra.

---

[31] 3 Nefi 11:30.

Antes de irse a las manos siempre será preferible refrenarse y reflexionar, para luego llegar a un acuerdo pacífico que beneficie a todos. Y una última y sucinta acotación, pero que te será de gran ayuda: elimina las quejas de tu vida. Cuando adquirimos la costumbre de vivir quejándonos por todo y contra todos, nos volvemos molestos y fastidiosos para quienes nos rodean y deben verse obligados a soportarnos. Procura evitar pasártela lamentando y protestando constantemente y en todas direcciones. De esta forma, tendrás más tiempo libre y una mejor disposición para apreciar todo lo que has recibido y que disfrutas a diario, incluyendo atesorar a tu compañer@ en igualdad de condiciones. Todo esto redundará en un beneficio para vuestro progreso conjunto.

Comunicación

Tanto para solucionar los problemas, como para encontrar mejores formas de hacer las cosas, para proyectar juntos, entenderse, manifestarse amor, resolver controversias, presentar desacuerdos, e incluso al momento de poner en conocimiento del otro nuestros gustos y necesidades, la buena comunicación es indispensable.

No subestimes el poder de las palabras. Estas pueden ser precipitadas, hirientes, corrosivas. Pero también pueden ser de consuelo, esperanzadoras y edificantes. Pueden ser poderosas o banales, pueden ser verdaderas o engañosas. Es por ello que es tan

---

importante ser cuidadoso con lo que decimos y cómo lo decimos. Si sientes que tienes tendencia o facilidad para lanzar improperios te ruego que te abstengas de hacerlo. Una buena técnica es morderse la lengua cada vez que vengan a tu boca o siquiera a tu mente.

Cuánto más debes cuidarte tratándose de un asunto tan delicado como lo es el sacudir la alfombra hacia fuera de casa. Los trapitos se lavan en casa, dice el refrán. Cuando comentas con terceros los problemas internos de la pareja, equivale a exponer una flor de diente de león al viento. Una vez que has esparcido sus ligeros pétalos ya no podrás volver a recuperarlos. Se diseminarán sin control para retornar como un búmeran a los oídos de tu pareja.

Una vez escuché a alguien que dijo una frase muy interesante a tener en cuenta: *'Explicación no pedida, culpabilidad manifiesta'*. Recuerda que por algo tenemos dos oídos y una boca, justamente para escuchar el doble de lo que decimos. Así que sé el dueño de tu silencio y no esclavo de tus palabras.

Por favor, siempre intenta ser inequívoco y sin dobles sentidos en el ámbito de la comunicación de pareja. No tiendas trampas a tu compañero, aunque te parezca que son pequeños ardides que no dañarían a nadie. Para lograr esto debes ser completamente honesto con tu pareja y contigo mismo. El villano nunca se ve a sí mismo como el villano y la hipocresía siempre acaba asumiendo sus propias mentiras.

No rehúses decirle cuánto amas a tu cónyuge. Sé abundante con las palabras bondadosas y de aliento, y retén las palabras negativas que no contribuyen en nada más que con la contención y el asolamiento. Aunque podamos considerar que nuestras acciones orientadas a fortalecer nuestro matrimonio tal vez no causen un efecto sustancial en la actitud de nuestra pareja, no quiere decir que no ocurra realmente y que verdaderamente surta un cambio positivo a largo plazo. Debemos hacer nuestra parte y confiar en que todo irá bien.

Al expresar algo, sobre todo cuando se trata de algo que esperamos del otro, ten cuidado de no recalcar lo obvio. A nadie le gusta que le sugieran que es lento o poco inteligente.

Hay que evitar las ambigüedades, la controversia y la confrontación. Este tipo de actitudes y acciones que tomamos no contribuyen en nada y, en cambio, sabotean la relación cada vez que las ponemos en práctica. Si la comunicación con fines de llegar a un entendimiento se puede comparar a construir un puente, este tipo de cosas vienen a ser dinamita pura con una mecha muy corta. Utilízalas solo en caso de querer decididamente el divorcio.

Pero como sé que no has llegado hasta aquí en la lectura de este libro para recibir instrucción sobre cómo lograr el divorcio de forma efectiva, sino para lograr un matrimonio saludable, te diré lo que sí debes esforzarte por hacer. Debes tender puentes, elevar señales de humo con texto de amor en negritas y subrayado, enviar correspondencia de conciliación, hacer acuerdos de paz, y todo lo que esté a tu alcance para unir en vez de dividir.

Cap. 21 – Celos

Los celos son tan antiguos como la conspiración que tramó Caín contra su hermano Abel. No es un fenómeno actual que pueda solucionarse a través de una vacuna o un blíster de pastillas. Y son tan amplios y complejos como para no respetar condición ni hacer acepción de ningún tipo de relación. Derivan de la inseguridad y la posesividad. Así vemos demostraciones de celos desde una pareja a dos amigos. Se enciende entre hermanos, como fue el caso con el que comenzamos este capítulo, y se encuentra presente en la envidia profesional en el ámbito laboral entre compañeros. Tampoco falta entre padres por los hijos, y un largo etcétera.

Es por esta razón que debemos ser muy conscientes de su existencia omnipresente. Nadie está a salvo y sus consecuencias pueden ser desastrosas.

Por otro lado, demostrar una actitud tan desprovista de celos puede parecer falta de interés o mera petulancia. Así que pequeñas piscas de este estado emotivo es como el condimento en la comida. Si se sabe usar con maestría hace toda la diferencia, convirtiendo a un cocinero en un chef galardonado. De lo contrario, podría arruinar el almuerzo entero y acabar en un despido pasado el mediodía. De este modo, debes ser muy cuidadoso con dichas demostraciones, porque pronto podrían dominarte por completo al punto de transformarte en un monstruo irreconocible.

Pero no estamos hablando de hacer pequeñas demostraciones que pueden ser más como un juego que un problema real. Sino que queremos abordar el gusano que comienza a corroer la estructura misma que apuntala tu matrimonio. Este parásito emocional puede multiplicarse descontroladamente hasta que ya sea un problema terrible. Una verdadera sepsis generalizada que acabe con todo el organismo. En lo que respecta a los celos enfermizos, debemos ser muy cuidadosos, dado que tienen el poder de hacer que una persona acabe asesinando a quien se suponía que amaba.

Confianza

Suplantar los celos que socavan por la confianza que edifica es la mejor forma de salvar tu matrimonio. En el amor es preferible ser crédulo, a desconfiar de todo. Esto es contraproducente y demuestra inseguridad, además de que no soluciona nada y lo empeora todo. Como solía aseverar mi abuela: *'aunque la o lo encierres dentro de una jaula, si quiere engañarte lo hará por el orificio de la cerradura'*. Demuestra confianza y darás la impresión de ser fuerte y autosuficiente. Aunque tampoco estoy insinuando que sea bueno ser ingenuo y optar por hacer la vista gorda. Todo en su justa medida.

Si posees una hermosa panorámica de un paisaje no permitirías que algo obstruyese tu visión de él. Por la misma razón no debes permitir que la semilla de la duda crezca hasta convertirse en un frondoso árbol que ocupe toda tu racionalidad. Erradícala desde un principio con diálogo constructivo y entendimiento amoroso. Una vez que haya crecido deberás podarlo lo suficiente para que te permita ver o de lo contrario te verás forzado a arrancarlo de raíz. Esto es una forma inteligente de suplantar, por ejemplo, el silencio rencoroso por soluciones que quiten los obstáculos del camino.

Cicerón dijo hace más de dos mil años lo siguiente: *'Las enemistades silenciosas y ocultas son más terribles que las abiertas y declaradas'.*

Los celos traen aparejados la contención, así como rispidez, y éstas causan escisión. En cambio, la confianza mantiene la unidad mediante la pacificación y alimenta un ambiente de solaz, haciendo todo tipo de concesiones. La cura natural para los celos es la confianza. Es una de las bases cruciales para todo matrimonio que busque perdurar de manera consolidada.

Cap. 22 – Errores graves

Todos, por nuestra naturaleza débil e imperfecta, estamos sujetos a equivocarnos. Los errores cometidos suelen causarnos sentimientos de culpa, vergüenza y remordimiento. Y en ocasiones nadie está libre de cometer un error de proporciones épicas. Con todo, no permitas que el pasado arruine tu presente, haciendo tambalear tu futuro. Esos sentimientos solo desaparecerán a medida que nos arrepintamos sinceramente y esto implica no volver a cometer el error y restituir en la medida de lo posible por el daño que hayamos causado. ¿Te golpearías un dedo con un martillo a propósito? Claro que no. Así que nunca hagas algo de manera consciente que no beneficie a ambos. Y el escarbar en el pasado es una de esas cosas que debes evitar.

Arrepentirse sinceramente de aquello que hemos hecho mal y tratar de enmendarlo es ennoblecedor para el alma. El arrepentimiento es gozoso. Yo he tenido que arrepentirme muchas veces y certifico que es bueno y deseable, no algo de lo que tengamos que rehuir. Por eso te digo con propiedad que es un don y un obsequio invaluable. El hacerlo a diario tiene el poder de transformarnos en criaturas diferentes, mucho más dóciles y amables, en esencia, mejores.

Para lograrlo debemos volvernos mansos y humildes a semejanza de un niño. Esto es tan importante que Jesús enseñó justamente que si no nos volvemos como niños pequeñitos de ninguna manera heredaremos el reino de Dios.[32] Si observas a los niños jugar, verás que pueden pasar horas interactuando sin ningún inconveniente, pero si llegara a producirse algún desacuerdo (y a veces los hay), no tardarán mucho tiempo en hacer las paces y continuar jugando como si nada hubiese ocurrido. Así de inocentes son los niños, o, en otras palabras, las personas a quienes debemos emular. Adquiere las cualidades de un niño, pero compórtate como un adulto hecho y derecho.

No permitas que ciertas imposiciones descabelladas se normalicen en tu vida y menos en tu escala de valores. No naturalices la maldad, aunque todos hubieran de hacerlo. Supongo que aun cuando todos corriesen a tirarse en masa dentro de un pozo, tú no lo harías. Créeme, debes luchar con todas tus fuerzas para mantener cierta coherencia y consistencia en este mundo desviado y perdido. No quieres acabar tan extraviado y loco como él. Una vez que has determinado con la mayor exactitud posible el curso a seguir, si el objetivo es bueno, podrás tener la absoluta seguridad de que tus pasos solo podrán llevarte a buen puerto.

Hay un refrán muy sabio que dice: *'el ocio es un mal consejero'*. A primera vista, esta forma de proceder, entregándose al desgano y la desidia, puede aparentar

---

[32] 3 Nefi 9:22.
https://www.churchofjesuschrist.org/study/scriptures/bofm/3-ne/9?lang=spa

ser inofensiva, pero es el punto de partida de las peores cosas. Cuando Dios en su sabiduría decretó que el hombre comería el pan con el sudor de su rostro hasta que volviera a la tierra[33] solo estaba bendiciéndolo con una protección insustituible como lo es el trabajo. Si te encuentras ocupado en tus quehaceres diarios y con las energías menguadas por el esfuerzo, no tendrás ni tiempo ni ganas de andar pergeñando escenarios que pudieran conducirte a acciones de las cuales debas arrepentirte luego. Recuerda mantenerte enfocado, y te aseguro que esta es una excelente forma de hacerlo.

Cuando cometemos un error cuyas implicaciones se ciernen sobre nosotros cual formidable tsunami elevándose en el horizonte, la primera respuesta casi instintiva que tendremos será la de atacar o intentar huir. Agredir y vociferar para encubrir nuestros hechos o escapar con todas nuestras fuerzas para salvar la vida de aquello que creemos no tiene solución. Sin embargo, cuando el maremoto ha sido tan potente, la velocidad del tsunami puede desafiar la imaginación y su poder destructivo será colosal. Así que queda claro que nuestra reacción aprensiva de optar por la huida será desacertada, puesto que el desastre nos alcanzará sin importar la rapidez de nuestros pasos o cuán lejos logremos correr.

De manera análoga, el segundo reflejo o impulso que podríamos tener sería buscar la protección de un muro o algún tipo de construcción. Pero esta medida tampoco dará resultado, dado que ponerse a la defensiva y levantar una pared ante las devastadoras repercusiones

---

[33] Génesis 3:19.
https://www.churchofjesuschrist.org/study/scriptures/ot/gen/3?lang=spa

que se avecinan solo desembocará en el barrido de todo a su paso, incluyéndote con muro y todo, por supuesto. De cualquier forma, si resistieses, solo lo harías para terminar ahogándote en tu propio mar de excusas y justificaciones.

Nuestra única escapatoria, en sentido figurado, será subirnos a un sitio más elevado. Es decir, deberemos enfrentar con humildad y paciencia las consecuencias, sobrellevar con entereza las vicisitudes, asumir la responsabilidad de recoger los escombros para iniciar lo antes posible la reconstrucción de lo destruido. Todo esto lo deberás hacer, teniendo siempre en mente que tras la prueba viene la recompensa y el disfrute que trae consigo. Ten confianza, encontrarte en una posición elevada te mantendrá a salvo.

Adoptar una actitud honorable es lo más adecuado, aunque parezca poco sensato a golpe de vista. ¿Serías capaz de contener una represalia u omitir una respuesta frente a un ataque directo y contundente, resultado de la indignación manifestada por el agraviado? Pues, si lo hicieras y a esto le añadieras la propuesta de un tratado de paz, la confrontación acabaría en aquel preciso instante. Sométete a fin de evitar un mal mayor. Cede para impedir que la sangre llegue al río. A esto me refiero cuando te digo que la única opción es escalar a un sitial más elevado y excelso. Así es como se avanza muchas casillas de una sola tirada de dados en el complejo tablero de la vida.

Cap. 23 – Perdón

El sabio Salomón escribió: *'La blanda respuesta quita la ira, mas la palabra áspera hace subir el furor '[34]*. No busques imponerte tú, sino deja que prevalezca la verdad. De lo contrario ganará por imposición quien grite más fuerte y no quien efectivamente tenga la razón. Esto solo acarrea consecuencias insospechadas a futuro. Agraviar a voz en cuello mientras te muestras ostensiblemente enojado es igual a pretender apagar el fuego echándole combustible. Vociferar e increpar solo enardece la trifulca y abre heridas que tardarán mucho más tiempo y requerirán mucho más esfuerzo en sanar de lo que llevó proferir el insulto.

La regla de oro lleva ese nombre por una razón de peso. Es uno de los axiomas más indiscutibles: *'No hagas a otros lo que no te gustaría que te hicieran a ti'*. Por el mismo motivo, tratar a los demás como nos gustaría que nos trataran es clave para que la contraparte nos vea con buenos ojos y tenga una actitud positiva

---

[34] Proverbios 15:1.
https://www.churchofjesuschrist.org/study/scriptures/ot/prov/15?lang=spa

hacia nosotros. Ahora, fíjate en esto, perdonar es un acto independiente de la actitud que tome la otra persona, cuánto más si se arrepiente sinceramente y busca compasión. Imagina estar en su lugar, ¿serías tu propio verdugo o preferirías extender misericordia por amor a ti mismo?

Curar las heridas es un proceso que lleva tiempo, así como volver a confiar. Dale y date tiempo. No se puede volver a utilizar un músculo en toda su capacidad antes de que haya sanado por completo de la lesión que sufrió.

Perdonar no implica aprobar ni significa justificar la conducta errónea, ya que esto impediría que la persona culpable asuma la responsabilidad de sus acciones. Significa que te has deshecho de un sentimiento que te hacía daño. Este proceso es independiente de la actitud o las acciones que tome la otra persona. Es exclusivo de ti mismo y una prerrogativa deseable. Ten presente que el perdón no requiere que la otra persona lo solicite o que demuestre arrepentimiento, solo dependerá de la clase de persona que seas tú y cuánto desees tener paz en tu interior.

Perdonar es sanador dado que nos libera de la opresión del rencor, nos depura del veneno que es el odio y nos absuelve de las consecuencias al impedirnos tomar venganza de manera disuasiva. Perdonar significa tomar el control de nuestras emociones en vez de que se apoderen de nosotros. Como bien dijo el poeta Alexander Pope: *'errar es de humanos, rectificar es de sabios, perdonar es divino'*.

Si insistes en continuar castigando a la persona por sus errores, recuerda la regla de oro y desiste de ello por tu propio bien. Puede que amargues tu existencia masticando animadversión durante años, mientras que el recipiente de todo tu odio ni enterado esté de todos los desvelos que le habrás dedicado. El rencor es una pesada mochila que solo tú cargas. La otra persona podrá o no sufrir los efectos de la culpa, pero es algo ajeno a ti, y en cualquier caso será su propia mochila. Y, por cierto, no sabes cuán insoportablemente pesada puede que haya resultado a sus hombros. La falta de perdón trae aparejado un constante estado de incertidumbre que enferma el alma y acaba con todo atisbo de esperanza en una posible reconciliación de efecto sanador.

Pero todo lo que te recomendé hasta aquí no suele ser tan fácil de aplicar como lo es decirlo. Esto es meritorio y requerido admitirlo. En nuestra naturaleza hay disposición para hacer el bien, pero también para hacer el mal, depende de nosotros la decisión que tomemos. Asimismo, estamos sujetos a la influencia de nuestro entorno, a la sugestión que ejercen ciertos grupos de poder, que siempre pugnan por inclinar la balanza a su favor. Es por este motivo que voy a brindarte una herramienta que puede ser muy útil tanto a la hora de perdonar como de cualquier otra situación que involucre a tu pareja, e incluso a otras personas.

Piensa en la sola posibilidad de ya no tener a esa persona en tu vida. Imagina por un momento que ha partido y que observas a tu alrededor y ya no la encuentras. A la hora del almuerzo la silla está vacía y al acostarte sientes el frío que quema de la cama. Pregúntate, ¿cuánto l@ echarías de menos? ¿Cuánto dolor estarías sufriendo? ¿Cuánta tristeza te invadiría? El ser humano suele apreciar algo después que ya no lo tiene consigo. Como reza el dicho: *'uno no sabe lo que posee hasta que lo pierde'.*

Ahora vuelve a la realidad y valora a esa persona como es debido. No esperes a perderl@ para pretender luego hacerle todos los gustos que habrías estado dispuest@ y aun hubieses anhelado haber tenido la oportunidad de hacerle. Agasájala porque la tienes contigo. Si realmente logras sentir, aunque no sea más que en una pequeña porción, lo que sentirías si la perdieras, estarás en condiciones de perdonar con la facilidad que tu lado loable te recomendaría y no como tu lado mezquino te incitaría a no hacerlo. Nunca prestes oídos a este lado tuyo que todos tenemos, el cual grita de un modo estridente en nuestra oreja. Sino escucha esa voz interior que emite un susurro suave y apacible, pero que llega hasta lo más profundo de tu ser.

Cap. 24 – La alcoba

Todo fuego encendido con leña seca arde intensamente, echando chispas hacia todos lados con un sonoro crepitar. Pero con el correr de los años las prioridades van cambiando y las hormonas van descendiendo a niveles más óptimos. Entonces las llamas comienzan a menguar y el fuego va debilitándose, comenzando a ceder terreno ante el frío y crudo invierno. Frente a esto deberíamos encender todas las alarmas de advertencia y a tomar los recaudos correspondientes, porque aquí comienza a entrar en vigor el dicho que dice: *'el césped del vecino siempre luce más verde'*. Recuerda que nunca faltará alguien que esté dispuesto a recoger lo que tú hayas desechado con tanta facilidad o desinterés. Te aseguro que, una vez que yazca en los brazos de otra persona, te arrepentirás de haber perdido a esa persona que una vez despertó tantas pasiones en el interior de tu pecho. No esperes a que ocurra para ejercer las precauciones requeridas.

Toda chimenea que no se alimenta tiende a apagarse con el transcurso del tiempo a medida que el combustible se va agotando. Y una vez apagado el fuego, los corazones ineludiblemente se enfrían al punto de volverse tan duros como témpanos de hielo. Llegado este punto difícilmente haya retorno o solución posible. Todo se tornará un desierto tan helado como inhóspito.

Para evitar alcanzar una situación irremediable, debemos mantener la llama encendida. Mi recomendación es echar leña al fuego a como dé lugar. Creo que ya he agotado todas las metáforas existentes sobre el fuego, así que paso a sugerirte que el verbo complacer será recomendable en este sentido. Para esto habrá que aprestar todo el ingenio de que dispongamos. Siempre pienso que es mejor ser un trozo de carne que sirva de alimento a un ser humano a que se lo coman los gusanos (es broma). No es algo para que te alarmes desde ya, pero cuando comience a suceder pon las barbas en remojo.

¡Utiliza tu imaginación! No he encontrado demasiadas reglas que acoten en cuanto a esto, así que, manos a la obra. Después de todo siempre será un esfuerzo placentero y bien remunerado. Nunca podrás decir que no valió la pena intentarlo.

No obstante, con el tiempo hay que ir dosificando los apetitos, las energías y los ánimos. Supongo que en edades más avanzadas habrá que entrar en un racionamiento del tipo *'economía de guerra'* (es otro chiste). Además, aún no lo he experimentado, así que no puedo hablar con propiedad al respecto, solo hacer conjeturas de índole siniestras.

Ahora bien, hablando en serio, ten en cuenta que hasta el pueblo israelita se aburrió de comer maná después de cierto tiempo. ¡Y eso que venía preparado y sazonado directamente desde el cielo! Así que esta progresión es normal y hasta inevitable, podría decirse, con el decurso del tiempo dada nuestra propia naturaleza. Adolecemos de una irremediable tendencia a aburrirnos y pareciera que los plazos se acortan cada vez más con el avance de la tecnología. La inmediatez del mundo que se nos presenta hoy día y el dinamismo abrumador al que estamos sometidos nos mantiene siempre expectantes y deseosos de cosas nuevas. Da la impresión de que nada nos satisface y si lo hiciera no sería por mucho tiempo. Entre tanta ansiedad, solo mantén la calma y actúa en consecuencia a medida que las señales de desgaste vayan surgiendo.

Por otro lado, la cama es un muy buen sitio donde terminar de dirimir la solución de los altercados. Hay veces en que las palabras sobran y entonces es mejor callar y pasar a la acción. Si notas que una discusión no lleva a ninguna parte, que se encuentran atascados en un callejón sin salida, es el momento indicado para redirigir los cañones y aprovecharlos en otros menesteres. Utilicen toda esa energía que tienen para reñir, en algo mucho más conveniente y productivo. Así que, mi recomendación es que silencies la rencilla con un beso apasionado y luego dispónganse a demostrarse cuánto se aman de verdad en vez de estar peleándose todo el tiempo como dos niños malcriados.

Cap. 25 – Los hijos

Quizá me esté adelantando un poco al tocar este tema en el caso de aquellos que aún no se hayan casado siquiera, pero, aunque no los hayas tenido aún, siempre es bueno ir preparándose. Además, aunque parezca paradójico, del estado actual de tu relación dependerá su eventual existencia y este capítulo es el producto consustancial e inmediato del precedente.

Los hijos son parte indivisible del matrimonio. Hay excepciones en que desdichadamente no logran concebirlos pese a todos sus deseos y esfuerzos, pero en ese caso siempre está la hermosa opción de la adopción. Con mi esposa quisimos adoptar y, de hecho, hicimos todo el proceso que duró cinco años donde aprendimos un montón, pero el sistema llegó a la conclusión de que *'no éramos aptos para ello'*. No sé si lograré entender algún día qué fue lo que ocurrió, sobre todo porque no recibimos muchas más explicaciones que esa acotada frase. Pero ese trago amargo es parte del pasado y también de mi acervo personal. Solo lo traigo a colación con el objeto de mostrarte que alguna noción tengo sobre el asunto y que considero que es una opción muy válida.

Diego Abriola expresó lo siguiente en cuanto a la paternidad: *'Un padre debe tener un proyecto personal de vida y de familia para buscar la realización propia y de todos los miembros de su familia, la célula básica de la sociedad y la institución fundante del estado. Para esto debe poner todos sus esfuerzos en la concreción de la finalidad última y común del ser humano que es la felicidad'*.

En esencia, los hijos son o deberían ser el resultado inherente del amor entre un hombre y una mujer. No solo porque sea la forma natural en que un niño viene al mundo, sino porque el matrimonio, una vez que madura y se consolida, evoluciona de manera predictiva. Y la mejor forma de profundizar y ampliar ese amor es hacia la concepción de su heredad. Si nos hemos despojado del egoísmo y nuestro corazón se encuentra ligado a nuestro cónyuge, ambos desearán el fruto de la unión de sus almas. Con mi esposa quisimos tener más hijos, pero sin encontrar la causa, solo recibimos el obsequio de nuestro único vástago, quien ha formado parte de nuestra dicha y ha fomentado con creces nuestra felicidad como familia.

Todos quieren tener la frutilla de la torta. Pues, bien, la frutilla en nuestro matrimonio son los hijos y los hijos de nuestros hijos serán la corona de nuestra vejez que adornen nuestras sienes blanqueadas por las canas. Si aún no los tienes, te aseguro que serán tu deleite cuando veas sus ojitos o cuando anden correteando por la casa. Si buscas alegría, ellos son la respuesta. Si quieres un ejemplo de qué clase de persona has de ser, ellos son el ejemplo personificado. Que solo el peso de los años te impida correr como ellos; en cuanto a sonreír no tienes excusa. Ya cuando sean grandes serán tu realización como padre.

La salud de tu matrimonio determinará la infancia, la adolescencia, y la adultez de tus hijos. Grábate a fuego en la mente la realidad de que estarás bajo su continuo y exhaustivo escrutinio. Ten mucho cuidado con las cosas que haces, que dices y cómo te comportas, sobre todo hacia su otro padre. Para ellos ambos son sagrados y de esa forma debes cuidar a su padre o madre, o podrías romper sus corazones y destruir su confianza en ti. Los hijos son una bendición y uno de los grandes amores de nuestra vida, pero recuerda que debes anteponer a su padre o madre dado que de esto dependen ellos mismos y su felicidad. Si tu matrimonio está bien, despreocúpate, ellos estarán bien.

Si quieres obtener la consumación de tu propósito en esta vida, sé un buen ejemplo para tu hijo, enséñale lo correcto y nunca se apartará del camino[35]. Entonces llegará un día en que obtendrás el galardón de la máxima satisfacción que se pueda lograr en este mundo, lo cual es ver a tus hijos convertidos en hombres y mujeres de bien.

Si creías que este libro trataría sobre ti creo que a estas alturas te habrás llevado un tremendo chasco. Después no digas que no te advertí en su momento que tu propósito más elevado sería pasar a ser el mejor último orejón del tarro. Porque, en última instancia, para que las cosas de esta vida funcionen de manera exitosa, debes dejarte de lado y poner a tu familia en primer lugar.

---

[35] Proverbios 22:6.
https://www.churchofjesuschrist.org/study/scriptures/ot/prov/22?lang=spa

Cap. 26 – Ser un Hombre y una Mujer

Esposo, ella quiere un hombre para ella, pero espera un hombre con mayúsculas. Ser hombre significa que la cuidarás y esto implica ser fuerte, no un pusilánime. Que tendrás carácter, pero armonizado con ternura. Debes meterte en la cabeza que tendrás que ser asertivo a cada paso, nunca dubitativo.

Un individuo violento que maltrata a su esposa, por ejemplo, no es Hombre, es un cobarde acomplejado repleto de inseguridad y suelen acabar en prisión. Sé invencible como el héroe de los cómics que admirabas de niño, pero equilíbralo en el momento justo con dosis adecuadas de vulnerabilidad. Ten en cuenta que las mujeres llevan en su interior el instinto protector de madre al cual debes fomentar. Así que, aunque seas Superman con una herramienta en las manos marchando para las ocho horas para que nada le falte a tu progenie, hasta Clark Kent cae rendido a los brazos de su Luisa Lane.

Un hombre es como el guardián apostado sobre el atalaya que vela incansablemente por los suyos aun a costa de su sacrificio personal. Aunque tenga que entregar su propia vida por mantenerlos a salvo, no debe dudarlo.

El hombre ciertamente está incompleto sin la mujer, porque el hombre no es sin la mujer.

Esposa, sé una mujer para él, pero una mujer con mayúsculas. Ser una Mujer no tiene nada que ver, por ejemplo, con salir con los senos al aire en luchas infructíferas de reivindicaciones motivadas por injerencias extranjeras de siniestras intenciones. Una mujer que se precia como tal es recatada y tiene claro los valores morales, de lo contrario no se ha convertido en una mujer plena y aún le restan muchas cosas por aprender.

Ser verdaderamente mujer es algo demasiado grande para poder ser explicado, pero intentaré dar algunos atisbos de su significado magnífico.

La mujer debería ser sinónimo de protección maternal. Este papel fundamental no tiene sustituto en la vida. Es la guía del lado femenino que no puede suplantarse. Es la delicada mano que obra en el hogar con un efecto cohesivo maravilloso, casi mágico (esto no quita que pueda tener su empleo fuera de casa, claro está). Es la tierna palabra que trae consigo dulce consuelo y paz inmediata. Es la caricia que seca las lágrimas y cura las heridas. Es la esplendorosa sonrisa que prodiga alegría y siembra el hogar de más sonrisas. Es el equilibrio perfecto entre suavidad y firmeza, entre comprensión y enseñanza, entre amor y contención.

La mujer es como una gallina que cobija a sus polluelos debajo de sus alas.

La mujer es el complemento perfecto del hombre. Porque el hombre no es sin la mujer y la mujer no es sin el hombre.

El hombre y la mujer deben transitar esta experiencia terrenal tomados de la mano en busca de la verdad y una vez encontrada, seguirla con resolución hasta el final del camino y luego más allá.

Cap. 27 – Ser valiente

Esfuérzate y sé valiente, ha repetido Dios al hombre en reiteradas ocasiones a lo largo de la historia. Y ejemplo perfecto nos brindó, puesto que fue el ser más valiente que vivió en este mundo.

No voy a mentirte, para lograr un matrimonio exitoso que logre sobrevivir durante toda una vida se debe tener la determinación de un maratonista, el empeño de un pugilista y la sutileza y paciencia de una manicure. Porque habrá días en los que te sentirás cansado, por no decir hastiado, y también habrá peleas y desacuerdos en donde recibamos algún que otro gancho emocional. Incluso habrá golpes bajos de los cuales deberemos ser capaces de reponernos a fin de acabar el combate en pie y, aplicándolo a un matrimonio, permanecer juntos.

'Sé diligente y moderado en todas las cosas. Procura no ensalzarte en el orgullo; sí, procura no jactarte de tu propia sabiduría, ni de tu mucha fuerza. Usa valentía, mas no prepotencia; y procura también refrenar todas tus pasiones para que estés lleno de

amor; procura evitar la ociosidad[36]. Este sabio y amoroso consejo de un padre a su hijo que data de más de dos mil años atrás sigue más vigente que nunca. Aplícalo a tu vida y redundará en beneficio para tu matrimonio.

Aunque no lo creas, no existe un matrimonio perfecto. Seguramente habrás pensado más de una vez mientras lees este libro: seguro que Máximo, el escritor de los mil consejos sobre cómo llevar un matrimonio exitoso, debe de tener una relación ejemplar e inmaculada. Admito que desearía que así fuera, pero nada más alejado de la realidad. Sin embargo, lo intento cada día; realmente trato de llevar a efecto las cosas que he escrito en esta obra. Lo que sí puedo asegurar es que cuando lo hago bien, las cosas funcionan con relativa fluidez, casi sin sobresaltos. A grandes rasgos, mi matrimonio de un cuarto de siglo ha sido feliz, lo cual no es poco decir.

Nada se consigue sin esfuerzo y si se logra de seguro no tendrá gran valor y por ende no se apreciará demasiado. Ciertamente no se valora aquello que no se ha obtenido con sacrificio. No te desanimes, porque una vez que comienzas a rodar barranca abajo se vuelve muy difícil detener la caída. Cuando el semblante decae se hace cuesta arriba recuperar el buen ánimo. Mantente optimista, sobre todo en aquellos momentos en que las cosas no parecen andar de la mejor manera y las oscuras nubes de la discordia lo cubren todo. Es entonces cuando debes ser más fuerte para sobrepasar el escollo y cargar tu matrimonio al hombro para ayudarlo a

---

[36] Alma 38:10–12.
https://www.churchofjesuschrist.org/study/scriptures/bofm/alma/38?lang=spa

vadear el torrente que se interpone en vuestro periplo. Este consejo no va solo dirigido al hombre, de quien siempre se espera erróneamente que sea fuerte e invulnerable, encargado de solucionar los problemas. Sino que es una responsabilidad mutua y compartida dado que compete a todas las partes implicadas. Se debe tener en cuenta que cualquiera de los dos puede caer y debilitarse, entonces el otro deberá levantarlo y sostenerlo. Este es el verdadero trabajo en equipo para el cual no hay obstáculo insalvable o prueba que no pueda superarse.

Cuando estamos bajo la lluvia fría y el viento arrecia, las densas y negras nubes no nos permiten ver el sol que brilla por encima, pero aun así sigue estando allí tan cálido y fulgente como siempre. De igual forma, cuando nos sentimos tristes o agobiados no creemos que pueda volver la alegría y que las aguas se aquietarán en algún momento, y, sin embargo, volveremos a sonreír pese a todo. En un sentido amplio puedo afirmar que se puede ser verdaderamente feliz en esta vida cuando existe un compromiso entre las partes interesadas. Pero no confundas disfrutar de un momento agradable o encontrarse alegre con la felicidad genuina.

Podrías sentirte contento con una jornada en la playa y aun así poder estar sufriendo una vieja pena por dentro que te impida levantar cabeza. Por el contrario, aunque pudieras tener una pérdida dolorosa, con todo, podrías continuar siendo feliz, dado que la felicidad es un estado que trasciende un acontecimiento en particular que pudiera surgir puntualmente y tiene más que ver con la comprensión de nuestro propósito que con las eventuales vicisitudes de la vida. La felicidad no está dada por un momento o condicionada a una situación transitoria, sino que es un estado interior alcanzado a través de un proceso.

No obstante, todo lo anteriormente dicho, debo hacer un paréntesis en cuanto a nuestro esmero. Debes tener presente que, sin importar cuánto te esfuerces y toda la buena actitud que demuestres, en lo concerniente al matrimonio, por constar de dos personas, su destino depende de ambos. El albedrío de tu cónyuge no se puede vedar. No puedes elegir por él por mucho que quisieras. Tampoco podrás evitar que tome un rumbo una vez que se lo haya propuesto. Si tu cónyuge ha decidido amar a otra persona, no podrás hacer nada para impedirlo. En tal caso deberás resignarte y bifurcar tu camino. No hay nada de malo en ello.

Llegado este punto, ten en cuenta que por el hecho de que tu matrimonio no haya funcionado no significa en lo absoluto que no puedas volver a empezar. Esas cosas pasan y hay que saber aceptarlas o podrían ocurrir cosas mucho peores para todos los implicados. Un anterior fracaso no conlleva que no puedas rehacer tu vida poniendo todo lo mejor de ti y el máximo empeño. Eso sería lo recomendable para comenzar con el pie derecho. Si no fuiste mayoritariamente responsable puedes sentirte tranquilo y con el ánimo de recomenzar con redobladas fuerzas. Si por el contrario descubres y admites que tuviste buena parte de la culpa, es una oportunidad propicia y más que aconsejable para que reveas tus actitudes y lleves a cabo cambios drásticos en tu proceder. De otro modo, hay grandes chances de que el siguiente emprendimiento resulte en un desenlace similar o un fracaso aún peor.

Otra cosa que tengo que decirte es que no sabes cómo va a resultar el próximo matrimonio. Esto lo acoto por el hecho de que solemos basarnos en acontecimientos pasados para hacernos una idea de algo que está ocurriendo en el presente y esto puede ser un error dado que las circunstancias son diferentes, así como los actores implicados (porque tú ya no serás el mismo). Así que debes invertir con las mismas ganas que con el anterior y efectuar las consiguientes modificaciones conductuales necesarias para aumentar las probabilidades de éxito. Esto requiere humildad y disposición al cambio. Todas estas acciones también forman parte sustancial de ser valiente, versátil y optimista.

Cap. 28 – Perseverar hasta el fin

En el libro del Génesis leemos que Adán, dirigiéndose con solemnidad hacia las futuras generaciones, pronunció lleno de inspiración y por revelación las siguientes palabras: *'Por tanto, dejará el hombre a su padre y a su madre, y se allegará a su mujer, y serán una sola carne'*[37]. Qué importante es comprender a cabalidad el profundo significado y las trascendentales implicancias de esta proclamación. Durante una buena parte de nuestra existencia (y hablamos de una muy importante y relevante), vivimos bajo la égida de nuestros progenitores. Durante esas etapas tempranas dependemos de ellos, al punto de que representan el centro de nuestra vida. Con todo, llega un día en que abandonamos con valentía, aunque llenos de temores e inseguridades el nido, emprendiendo el vuelo con nuestras propias alas.

Y, ¿hacia dónde volaremos? ¿Con qué objetivo lo haremos? Bueno, la finalidad no es graduarnos de la universidad. Eso lo podemos hacer incluso viviendo con

---

[37] Génesis 2:24.
https://www.churchofjesuschrist.org/study/scriptures/ot/gen/2?lang=spa

nuestros padres. Tampoco salir de parranda, o buscar un trabajo o hacer un viaje alrededor del mundo. Todas esas cosas son subsidiarias, accesorias o incluso pueden servir solo para dilapidar tiempo, dinero y energías. Nuestro propósito ulterior es formar una familia. Y cuando lo hacemos nos volvemos como si fuéramos un solo cuerpo. Y uno no se arranca el pie cuando le duele o se deshace de una mano porque le tiemble, por ejemplo. No, porque es parte de uno mismo.

De nada sirve nadar y nadar para ahogarse próximo a la orilla. La carrera se termina cuando cruzamos la meta, y la meta de un matrimonio exitoso para esta vida es la muerte. Proponte en tu mente y tu corazón culminar el proyecto más grandioso y ambicioso de tu vida, y jamás consideres siquiera la posibilidad de rendirte. No será fácil, pero circunscribiéndolo a un gran todo, te resultará hermoso. Te doy mi palabra de que si así lo haces no te arrepentirás.

Para esto se debe tener un compromiso de hierro a toda prueba. Puede que te parezcan muchos aspectos los tratados en este libro y por ende que sea difícil aplicarlos todos a la vez, pero puedes comenzar por implementar de a uno o unos pocos al principio y luego ir sumando otros a medida que vayas logrando incorporarlos a tu vida en matrimonio. Sin embargo, es indispensable poseer la determinación desde un principio de cuidar y amar a tu cónyuge. Lo anteriormente expresado no solo lo hará propicio sino posible. Nunca te permitas flaquear ni des cabida a la duda. Todo esto requiere valentía y en grandes cantidades.

Perseverar implica seguir adelante a pesar de sentirse debilitado en algún momento y bajo ciertas circunstancias adversas. Significa estar decidido a continuar pese a los altibajos. Si caes, te levantas y sigues. Si tropiezas, estudias el escollo, aprendes a reconocerlo para luego evitar una eventual caída ocasionada por uno similar y continúas sin volver la vista atrás. Es dar un paso más en medio de la tempestad con la esperanza de que vendrán tiempos de bonanza, los cuales de seguro llegarán. Significa no abandonar el barco mientras no se haya hundido, porque no sabes si tocará tierra firme antes de zozobrar y acaben salvándose todos los pasajeros a bordo.

Si consideras que eres una persona independiente que no se sujeta a nadie y no te interesa demasiado que te abandone o no tienes la voluntad de hacer el esfuerzo, entonces no tiene sentido que estés leyendo este libro. Si no estás dispuesto a pagar el precio estos consejos no son para ti. Otros dirán que es fácil decirlo y que, como dice el refrán, *'del dicho al hecho hay un largo trecho'*. Y en esto tienen toda la razón, pero solo sé que cuando aplico a conciencia estos consejos funcionan para mi matrimonio. Sé que no es del más rápido la carrera, sino del que cruza la meta y en el caso que nos ocupa se tratará de cruzarla juntos.

Por ejemplo, con mi esposa nos hemos propuesto (o mejor dicho ella me lo propuso hace tiempo) correr una carrera juntos todos los años que tenga la distancia en kilómetros según la cantidad de años que cumplimos de casados. No sé si esta tradición ella la instauró para recordarnos el camino recorrido, para que meditemos en lo arduo, pero a la vez satisfactorio que puede ser, y también sobre lo saludable que es y los gratos recuerdos que deja como una experiencia que se vive juntos. O quizá simplemente quiere matarme de un colapso multifuncional en una de esas oportunidades de tanto correr. Como sea, yo la sigo a todos lados con un hilo de baba colgando de la comisura de mi boca entreabierta.

El trasponer la meta acalambrados, doloridos, deshidratados, exhaustos y con ampollas en los pies, a mí me demuestra por un lado, lo fuerte, decidida y extraordinariamente valiente que es mi esposa y, por el otro, me recuerda que un día juré que permanecería junto a ella hasta cruzar el umbral de la muerte sin permitir que ningún obstáculo interfiriera con mi objetivo fijado. A todo esto, debo admitir que llevo ventaja, porque ella es como una zanahoria que avanza ante mí, así que no podría parar aunque quisiera porque voy flotando hipnotizado.

Lo interesante de esta carrera es que ninguno de los dos pierde, sino que ambos ganamos y lo hacemos juntos. Avanzamos a nuestro ritmo, deteniéndonos solo para esperar al otro. Si uno flaquea el otro lo fortalece. Las palabras de aliento surgen espontáneas y los elogios son necesarios. El desafío es grande, pero el destino nos espera con una enorme sonrisa y un sudoroso abrazo. Cruzamos juntos la meta porque de otro modo no tendría sentido completar la carrera. Ella porque le encanta correr y yo porque me encanta verla correr.

No intenten que vuestro matrimonio sea consumado en poco tiempo, porque provocarán que se vea consumido en un plazo menor. Es un estado en el que se hallarán el resto de la vida, al cual deberán fomentar la mayor felicidad posible. Al comprender este adagio y tomar la determinación de llevarlo a efecto, con todo lo que ello implica, se estarán asegurando (si ambos cumplen con lo que atañe a la parte que les corresponde) de que siempre podrán disfrutar de un matrimonio saludable.

EPÍLOGO

No te imaginas lo difícil que ha sido ser genuino y a la vez honesto conmigo mismo al escribir este libro, pese a lo breve y esquemático que he intentado que resultase. Es que hay cosas que no se pueden decir sin molestar a alguien en alguna parte en una época en la que nos han dejado tan susceptibles de ofendernos y sentirnos heridos por todo. Aunque debo decir que nada de lo que se expresa aquí deba tomarse de manera personal, ya que no va dirigido en contra de nadie. Ceñirse a la verdad es como patear contra el clavo en una sociedad confundida por todo tipo de doctrinas que solo atentan contra el matrimonio y los valores más básicos del ser humano.

Aunque ya lo tenía bastante presente y creía que lo había asumido, pude descubrir cuan sujetos nos encontramos a ligaduras de manipulación mental provocadas por la terrible ingeniería social que se ejerce sobre nosotros de forma constante y por todos los medios disponibles. Muchas veces la sugestión se ejerce de manera subliminal. Yo mismo tuve que sacudirme un montón de estereotipos impuestos que fueron acumulándose sobre mis espaldas mediante la ineludible interacción con el mundo. Es que las ideas que ciertos grupos pretenden introducir en nuestras mentes son bastante pegajosas pese al grado de toxicidad que conllevan y su usual aspecto grotesco. Son como plastones de viscosa brea lanzados directo a nuestras cabezas.

Para ver la verdad es necesario lavar toda la basura que enceguece nuestros ojos. Eso ocurre cuando nos sumergimos en las tendencias que ofrece la mentalidad de querer cambiar lo que ha funcionado desde el principio e innovar constantemente una obra que ha sido culminada y confeccionada para un propósito determinado y específico. Para ser conscientes de ello debemos despojarnos de los prejuicios que han inculcado en lo profundo de nuestra psique para enfrentarnos unos a otros y comprender que existen intereses malintencionados que se ocultan detrás de ideologías con apariencia inofensiva y de propósitos loables, pero que resultan ser todo lo opuesto. Tal vez sea por ello que decidí escribir estas reflexiones al culminar el libro, porque de lo contrario habría muchos que no lo hubieran terminado, puesto que no habrían logrado comprenderlo del todo o se habrían cerrado a la idea planteada.

¿Cómo decir de la manera más clara posible que nos encontramos en medio de una guerra sin cuartel entre el bien y el mal, en donde se disputan nuestras mismas almas, sin ser tomado por loco?[38] Me pregunté

---

[38] Efesios 6:12.

entonces, ¿seré tibio y diré que todo es relativo y que nada malo y erróneo ocurre con el fin de caer bien y no ser rechazado? O de plano apoyaré todo aquello que va contra nosotros mismos, modas y tendencias que se imponen para horadar las bases mismas de la humanidad tal como la historia del tatú que vimos. Y todo esto en pos de formar parte de una aparente mayoría y así dejarme llevar plácidamente por la corriente (porque esto hubiera sido lo más cómodo y fácil). No, ciertamente prefiero optar por manifestarme sin ambages a favor del bando que sé que es el correcto y abrir mi boca, aunque me cueste la desaprobación, la estigmatización y aun el agravio de muchos.

Así que aquí tienes esta obra, diciendo cosas que quizá puedan rechinarte en los oídos por la distorsión que han ocasionado en nuestro proceso de sintonizar la realidad. No obstante, si las consideras con detenimiento y una mano en el corazón, podrían brindarte la más fascinante aventura que jamás podrías experimentar en esta vida como lo es el matrimonio (si se encuentra saludable). Y esto sin incluir los incontables círculos concéntricos que se originan a partir de este convenio sagrado entre el hombre y la mujer.

Si apuestas todo lo que tienes a tu matrimonio nunca te arrepentirás cuando hacia el final de tu vida contemples en retrospectiva el resultado de tus decisiones, mientras disfrutas de los dulces frutos de haberlo hecho. Cuando veas a tus hijos felices junto a sus familias y traigan a tus nietos a tu regazo quizá te acuerdes de mí. Entonces puede que les cuentes que una

---

https://www.churchofjesuschrist.org/study/scriptures/nt/eph/6?lang=spa

vez leíste un libro que afirmaba que sus padres han cumplido con el sagrado propósito del hombre y la mujer sobre la tierra: formar una familia para tener una plenitud de gozo.

AGRADECIMIENTOS

¿Cómo podría escribir un libro sobre el matrimonio sin agradecer a la que ha sido mi compañera a lo largo de tantos años? La mujer que ha tomado mi mano para ayudarme a escribir la parte más importante de mi vida, en la que me he convertido en un hombre. Mi complemento ideal sin la cual no podría haber traído al mundo a nuestro retoño, uno de los mayores causantes de nuestra felicidad. ¡Gracias por hacerme tan feliz!

A mis padres, quienes me enseñaron tantas cosas valiosas sobre un buen matrimonio, pero sobre todo sobre ser una buena persona. La mayor parte de los valores más elevados los obtuve de ellos. Sus ejemplos permanecen en mi retina de manera indeleble. Por haberme brindado un tesoro de tan inestimable valor les estaré eternamente agradecido.

A Yohan, el fruto de nuestro amor, por haberme inspirado y motivado a escribir este libro. Y también por sus valiosos aportes y sugerencias. Muchas gracias por eso y por ser parte activa de la felicidad en mi vida.

A Nancy, una amiga del alma a quien aprecio mucho. ¡Muchas gracias por haberme honrado con las hermosas palabras de tu prólogo!

A Melissa, a quien quiero como una hija, por su apoyo, por tenerme tanta paciencia y por la hermosa portada que confeccionó con tanto esmero para este libro. ¡Muchas gracias!

A Facundo, por sus profundos aportes, por compartir su sensibilidad conmigo, por ayudarme a ver algunos detalles que debía modificar (aunque no se haya percatado) y, sobre todo, por su inestimable sinceridad. ¡Muchas gracias!

Al profe Manuel, un ser admirable cuya humildad es digna de ser emulada. ¡Gracias por tu franca amistad!

A Jorge, por su excelente disposición y estrecha colaboración. ¡Muchas gracias!

Y, en definitiva, a todos aquellos amigos que me han apoyado siempre, impulsándome a continuar con la escritura pese a la escasez de lectura que adolece el mundo. Amigos que demuestran una actitud positiva, infundiendo ánimo de manera genuina y manifestando en todo momento la mejor onda. ¡Gracias por siempre estar!

A todos ellos mi más encarecido agradecimiento y mis más profundos y cálidos sentimientos.

ÍNDICE

Referencias y webgrafía

1. https://psicologiaymente.com/cultura/navaja-de-ockham
2. https://www.churchofjesuschrist.org/study/general-conference/1991/10/becoming-self-reliant?lang=spa#kicker1
3. https://www.churchofjesuschrist.org/study/scriptures/dc-testament/dc/58?lang=spa
4. https://www.churchofjesuschrist.org/media/music/songs/lord-i-would-follow-thee?lang=spa
5. https://www.churchofjesuschrist.org/study/scriptures/nt/john/14?id=p27&lang=spa#p27
6. https://www.churchofjesuschrist.org/study/general-conference/2024/04/43renlund?lang=spa#p6
7. https://asana.com/es/resources/swot-analysis
8. https://www.churchofjesuschrist.org/study/scriptures/ot/1-kgs/20?lang=spa
9. https://www.churchofjesuschrist.org/study/scriptures/ot/prov/15?lang=spa#study_summary1
10. https://www.churchofjesuschrist.org/study/scriptures/nt/matt/23?lang=spa#p25
11. https://www.churchofjesuschrist.org/study/scriptures/ot/prov/3?lang=spa
12. https://www.churchofjesuschrist.org/study/scriptures/bofm/alma/41?lang=spa
13. https://www.churchofjesuschrist.org/study/general-conference/1999/04/repent-of-our-selfishness-d-c-56-8?lang=spa#title1
14. https://www.churchofjesuschrist.org/study/general-conference/2016/04/in-praise-of-those-who-save?lang=spa#title1

15. https://www.churchofjesuschrist.org/study/scriptur es/bofm/3-ne/12?lang=spa

16. https://www.mayoclinic.org/es/diseases-conditions/narcissistic-personality-disorder/symptoms-causes/syc-20366662#S%C3%ADntomas

17. https://www.churchofjesuschrist.org/study/scriptur es/nt/matt/6?lang=spa

18. https://www.churchofjesuschrist.org/bc/content/sh ared/content/spanish/pdf/language-materials/31382_spa.pdf?lang=spa

19. https://www.churchofjesuschrist.org/study/scriptur es/nt/john/15?lang=spa

20. https://www.churchofjesuschrist.org/study/scriptur es/nt/matt/22?lang=spa

21. https://www.churchofjesuschrist.org/study/general-conference/1990/04/gratitude-as-a-saving-principle?lang=spa#title1

22. https://www.churchofjesuschrist.org/study/general-conference/2024/04/35uchtdorf?lang=spa#p37

23. https://definicion.com/vicio/

24. https://www.churchofjesuschrist.org/study/scriptur es/bofm/2-ne/2?lang=spa

25. https://www.churchofjesuschrist.org/study/scriptur es/dc-testament/dc/29?lang=spa&id=39#p39

26. https://www.churchofjesuschrist.org/study/general-conference/2008/10/celestial-marriage?lang=spa#p26

27. https://www.churchofjesuschrist.org/study/scriptur es/bofm/3-ne/11?lang=spa

28. https://www.churchofjesuschrist.org/study/scriptur es/bofm/3-ne/9?lang=spa

29. https://www.churchofjesuschrist.org/study/scriptur
es/ot/gen/3?lang=spa
30. https://www.churchofjesuschrist.org/study/scriptur
es/ot/prov/15?lang=spa
31. https://www.churchofjesuschrist.org/study/scriptur
es/ot/prov/22?lang=spa
32. https://www.churchofjesuschrist.org/study/scriptur
es/bofm/alma/38?lang=spa
33. https://www.churchofjesuschrist.org/study/scriptur
es/ot/gen/2?lang=spa
34. https://www.churchofjesuschrist.org/study/scriptur
es/nt/eph/6?lang=spa
35. Wikipedia.
36. Web.

Otros títulos del autor:

Esteban, el discípulo (novela) – Editorial Rumbo. Amazon, Apple Books, Draft2Digital y Findaway Voices.

Momentos (cuentos cortos) – Amazon, Apple Books, Draft2Digital y Findaway Voices.

Colonización de Marte (novela) – Amazon, Apple Books y Draft2Digital.

Amaneceres (poesía) – Amazon, Apple Books y Draft2Digital.

La caramelera (cuentos cortos) – Amazon, Apple Books, Draft2Digital y Findaway Voices.

En el límite del tiempo (poesía) – Amazon, Apple Books y Draft2Digital.